EL GIGANTE
DE LOS
PIES DE BARRO
CRÓNICA PERSONAL DE LA TRAGEDIA Y SUS REPERCUSIONES

MARIAN DE LA FUENTE

EL GIGANTE
DE LOS
PIES DE BARRO
CRÓNICA PERSONAL DE LA TRAGEDIA Y SUS REPERCUSIONES

Grijalbo

EL GIGANTE DE LOS PIES DE BARRO
Crónica personal de la tragedia y sus repercusiones

© 2004, Marian De La Fuente

Primera edición, 2004

D.R. 2004, Random House Mondadori, S.A. de C.V.
        Av. Homero núm. 544, col. Chapultepec Morales,
        Del. Miguel Hidalgo, C.P. 11570, México D.F.

www.randomhousemondadori.com.mx

ISBN 0-307-20962-8

Impreso en México / *Printed in Mexico*

A mis ángeles, por ser el motor de mi vida.
Y a Mauricio y mis padres,
por ser mi inspiración, mi fuerza y mi mejor tesoro.

Detrás de cada línea de llegada hay una partida. Detrás de cada logro hay otro desafío. A pesar del dolor, mientras estés vivo, siéntete vivo. Si extrañas lo que hacías, vuelve a hacerlo. No vivas de fotos amarillas. Sigue aunque todos esperen que abandones. No dejes que se oxide el hierro que hay en ti. Haz que en vez de lástima te tengan respeto. Cuando no puedas correr, trota. Cuando no puedas trotar, camina, y cuando no puedas caminar, ayúdate de un bastón, pero no dejes de caminar...

TERESA DE CALCUTA

ÍNDICE

DEDICATORIA

A todos aquellos que sufrieron la pérdida de sus seres queridos esa fatídica mañana del 11 de septiembre de 2001. A todos los que murieron en los campos de batalla por lo que consideraban una causa justa que les llevó a dar la vida por su patria. A los civiles inocentes de Irak y Afganistán, que también han vivido en carne propia la tragedia. A tantos héroes anónimos, bomberos, policías y rescatistas que dieron más de lo que jamás se hubiera imaginado por ayudar a las víctimas. A quienes aún se conmueven con el dolor ajeno.

1

ESTADOS UNIDOS SUFRE EL ATENTADO MÁS SANGRIENTO EN SU HISTORIA

El gigante se tambalea: 3 horas de angustia

Amaneció como cualquier día. Nada presagiaba que ese 11 de septiembre quedaría para siempre grabado en la mente y en los corazones del mundo. Nadie podía imaginar que los cimientos de un gigante como Estados Unidos iban a ser sacudidos con tal fuerza, con tal saña, que mostrarían al mundo sus pies de barro.

Como de costumbre, tomé la misma ruta que en los últimos 9 años. Conduje hasta Telemundo, recién adquirido por NBC, en una mañana que se desperezaba lentamente, ofreciendo uno de esos maravillosos amaneceres de Miami. Después de una breve reunión con el equipo de producción del informativo y de un necesario paso por maquillaje, me senté en el *set* de Telemundo Internacional para comenzar con mi trabajo diario. No había pasado ni una hora cuando la productora, Manuela Guardia, me acercaba una información de emergencia. El cable muy escueto decía, en una sola frase, que en una de las torres del World Trade Center se había declarado un incendio y que el humo era visible desde diversas partes de la ciudad de Nueva York. Logramos captar la señal y mostramos las primeras imágenes del rascacielos en llamas. Un minuto después, Pablo Iacub, el jefe de redacción, corría hasta mi mesa para darme las últimas informaciones, éstas apuntaban a que una avioneta había chocado contra una de las torres, provocando el incendio. En medio de la incertidumbre, la realidad comenzaba a asomarse por las pantallas del televisor. Al ver el hueco dejado en la estructura del edificio y el impresionante cielo azul y despejado de la ciudad, era difícil pensar que una aeronave del tamaño de una avioneta o que la falta de visibilidad fueran los causantes de la tragedia. Comenzaron las hipótesis, y entre ellas barajé la que después sería la correcta: la posibilidad de una atentado terrorista. Por un instante, recordé las amenazas a Estados Unidos por su política proteccionista con Israel, vertidos en un diario londinense hacía sólo un par de semanas. Hubo quienes criticaron el comentario que en aquel momento, repito, era sólo una hipótesis y que después se me reconoció en algunos medios de comunicación. Pero volviendo a los terribles hechos que marcaron la jornada, cuando todos nos debatíamos entre dimes y diretes y cuando la mayor parte de las cámaras de televisión enfocaban la Torre Norte, fuimos testigos impasibles de cómo otro avión enfilaba rumbo hacia los colosos. El impacto fue brutal. Eran las 9:03 de la mañana. Una bola de fuego envolvió gran parte de la Torre Sur. Los gritos, las sirenas y el desconcierto dominaron la escena. Ya no había dudas, lo vimos con nuestros propios ojos. Como muchos compañeros, en directo, y ante millones de televidentes en América Latina y Estados Unidos, quedé muda intentando entender el horror del que éramos testigos.

Y así, mientras tratábamos de enlazar con nuestra corresponsal Isolda Peguero, por fin se confirmaban las noticias. Un Boeing 767 comercial de American Airlines, con 92 personas a bordo, que viajaba desde Boston hasta Los Ángeles, había sido secuestrado en pleno vuelo y había sido el primero en impactar, a las 8:45 a.m., la Torre Norte del World Trade Center. Dieciocho minutos después, concretamente a las 9:03 a.m., una segunda aeronave, esta vez un Boeing 767 de la compañía United Airlines, con 65 personas a bordo, también había sido secuestrada en pleno vuelo y se impactaba contra la Torre Sur, causando increíbles daños a la estructura del edificio.

Aún ahora es difícil dejar de escuchar los gritos, de recordar el desconcierto. Las lágrimas rodando por las mejillas de muchos compañeros. Las carreras por los pasillos; las caras de horror. No olvidaré el rostro de Jim Mc Namara, el presidente de Telemundo, quien con los brazos en la parte posterior de su cuello no podía apartar los ojos de las terribles imágenes que se asomaban por las pantallas de televisión. Él fue uno de los primeros en presentarse en la redacción de Telemundo Internacional para seguir de cerca el desarrollo de los acontecimientos y fue también uno de los primeros en vivir el horror y la incertidumbre de las horas que prosiguieron al impacto de los aviones. Aún recuerdo la expresión en sus ojos cuando el tercer avión de American Airlines, el vuelo 77, que cubría la ruta entre Washington y Los Ángeles, se estrellaba contra el Pentágono. Eran las 9:45 de la mañana. Nuestra corresponsal en la capital, Lori Montenegro, llamaba de inmediato desde una de las carreteras de acceso a la ciudad. Se dirigía a nuestra oficina cuando escuchó una violenta explosión y al girar la vista pudo observar uno de los edificios de la sede de las fuerzas armadas envuelto en llamas. Apenas podía narrar lo que veía. Consumido por las llamas, el edificio se derrumbaba parcialmente, llevándose consigo la vida de 189 personas. La Casa Blanca, el Departamento de Estado, las Naciones Unidas y los edificios principales de Washington comienzan a ser evacuados. El miedo a sucesivos ataques indiscriminados provoca el desalojo de múltiples edificios oficiales en Estados Unidos y posteriormente la sede de la OTAN en Bruselas. A esas horas, el gigante comenzaba a mostrarse vulnerable, sin ni siquiera saber que su peor pesadilla tan sólo acababa de empezar.

Los teletipos de la redacción no paraban de "escupir" noticias; las imágenes se tornaban cada vez más dantescas: decenas de individuos tratando de escapar a las llamas, colgándose de las estructuras metálicas de las torres; cuerpos como muñecos de trapo lanzándose al vacío, enfrentándose a la muerte solos, con sus recuerdos, o en parejas, tomados de la mano. Y nosotros inertes, asistiendo a ese terrible espectáculo. Deseando que el sonido de las sirenas, los testimonios y tan crueles imágenes formaran parte de una de esas costosas producciones cinematográficas a las que estamos tan acostumbrados, aunque esta vez la realidad superara con creces a la ficción.

A las 10:05 de esa frenética mañana, la Torre Sur del World Trade Center, la segunda en recibir el impacto, se derrumbaba, creando el caos. Como una torre de fichas de dominó, el rascacielos se desploma por sorpresa, envolviendo al complejo de comercio y a las calles aledañas en una nube de polvo y cenizas. Es difícil dar curso a tantas sensaciones, a tanto desconcierto... gente despavorida escapando a la muerte, periodistas teñidos de gris desafiando su suerte y una agria sensación de dolor y solidaridad con esos seres anónimos que nunca conoceré y que en aquel día se convirtieron en parte de mi vida... Nadie podía imaginar que un coloso de esas características, fuerte y acostumbrado a salir ileso de los embates del terrorismo, pudiera venirse abajo, llevándose consigo la inocencia del gigante que a esas horas mostraba sus auténticos pies de barro. En medio del desconsuelo que reinaba en la redacción, de entre todos los compañeros que corrían de un lado a otro del estudio acercándome cables de noticias, escuché a mis espaldas la voz de Claudia Foguini, la productora del programa Esta Mañana, gritándome a lo lejos: "Marián, te necesitamos de inmediato en nuestro estudio, el *network* va a extender la cobertura y queremos que te sientes con José y con Rogelio...". No había terminado de decir la frase cuando ya había desaparecido en una carrera de obstáculos hacia el control. Si alguien quisiera recordar a Claudia ese día, es muy probable que lo primero en venirle a la mente fuese un pelo rubio abriéndose camino en una desenfrenada carrera del estudio a la redacción y de regreso, tratando de tener todo bajo control y esperando a que la productora ejecutiva hiciera su aparición en escena. Fue así, como por arte de magia, que me vi entre mis dos grandes amigos y compañeros, José Díaz Balart y Rogelio Mora, en la que sería, sin duda, la cobertura más larga y emotiva de nuestras vidas.

El estudio del programa se llenó de compañeros de todas las áreas, secretarias, técnicos, directivos, etc., ansiosos por saber de primera mano lo que estaba ocurriendo. Era una auténtica avalancha de información, las primeras cifras de muertos y heridos, declaraciones de los jefes de bomberos y policía, la coordinación de las labores de rescate y evacuación del área… Realmente, no nos dábamos abasto. Estábamos tratando de captar la señal de NBC, nuestra cadena hermana en Nueva York, ya que la antena de nuestra cadena se encontraba en la azotea de la torre que acababa de desplomarse, cuando otra noticia de última hora volvía a helarnos el corazón… Tan sólo cinco minutos después del desplome de la torre y hora y media después del primer atentado, un cuarto avión, el vuelo 93 de United Airlines, con 45 personas a bordo, se estrellaba en la localidad de Shanksville, Pensilvania. Al parecer, alertados de lo que estaba ocurriendo, algunos pasajeros tuvieron tiempo de usar sus teléfonos para despedirse de sus familias y manifestarles su intención de enfrentar a los secuestradores. Aparentemente, la valiente acción de ese grupo de pasajeros motivó que el avión se estrellara en una zona boscosa y solitaria antes de alcanzar su objetivo, Washington, a donde supuestamente lo dirigían los secuestradores. Aún hoy, versiones contradictorias, vertidas en algunos medios de comunicación europeos, aseguran que el avión fue blanco de los propios cazas de la Fuerza Aérea Estadounidense para evitar un desastre mayor, y que la heroica acción de esos pasajeros era el mejor argumento a contar, en lugar de decirle al pueblo estadounidense que sus ciudadanos habían tenido que ser "sacrificados" para evitar que miles de personas más perdieran la vida en el objetivo elegido por los terroristas.

Pero regresando a esa histórica mañana, nuestra capacidad de asombro aún no había llegado a su límite, habíamos llegado a un punto en que nos mirábamos sin poder entender qué estaba pasando y temiendo que algo más estuviera por venir. Y así fue... Veinte minutos más tarde, la Torre Norte también se derrumbaba. Como en una película en cámara lenta, piso tras piso se va viniendo abajo, entre una nube de polvo, muerte y cenizas. La torre que hasta ese momento luchaba contra las llamas decidía emprender el camino tomado por su hermana gemela. Lo más terrible es que las autoridades no habían tenido el tiempo suficiente para evacuar el área. El cuerpo de bomberos había designado la base de las torres como centro de operaciones y en la calle, entre los escombros de la primera torre caída, aún había cientos de personas luchando por salvar sus vidas. En el interior de las torres, bomberos, policías y buenos samaritanos quedaron sepultados para siempre en un intento por lograr que las miles de personas atrapadas pudieran alcanzar la salida. El panorama no podía ser más desolador. Nuestros compañeros que estaban reportando desde allí apenas podían contener las lágrimas y les era difícil respirar entre tanto polvo. La nube de cenizas alcanzó varias calles de Manhattan y en el mismo Central Park, en el otro extremo del World Trade Center, se encontraron durante semanas fotocopias y papeles que habían volado desde las torres. En ocasiones, siento que me faltan las palabras para describir tanto horror... más sirenas, más sangre, cuerpos mutilados, bomberos llorando frente a los cadáveres de sus compañeros, un campo de batalla donde parecería haberse librado la peor de las contiendas. Una guerra fantasma en la que el gigante fue atacado en el corazón de sus finanzas y en la mente de su defensa. Donde no combatieron ejércitos, donde se sembró la muerte y la desolación sin tropas invasoras y donde, al final, ningún enemigo salió agitando una bandera blanca.

Bush: un acto de guerra

Una banda de terroristas hasta ese momento desconocida había declarado la guerra al gigante, con un operativo tan coordinado y efectivo que hacía difícil pensar en su procedencia; de una infraestructura y apoyo financiero cuya magnitud sólo podía brindar un país. Un atentado no sólo contra el pueblo estadounidense, sino, por el simbolismo de los blancos elegidos, al papel que enfrenta como potencia económica y militar en el mundo occidental. Estados Unidos podría tener un referente histórico claro en el ataque japonés a Pearl Harbor en 1941, sin embargo, hace sesenta años el agresor era un imperio y el escenario una guerra mundial. Así pues, sin esa referencia del pasado, había que adivinar entre tinieblas lo que estaba por pasar.

Con el World Trade Center en ruinas y el Pentágono seriamente dañado, muchos estadounidenses estaban seguros de lo que querían de su presidente: firmeza, claridad, liderazgo... pero no sabían qué esperar. El presidente George W. Bush se mostró calmado y manejando las riendas del país desde el principio; aunque ese primer día, debido a las amenazas y a la falta de información, por cuestiones de seguridad se mantuvo prácticamente desaparecido. Aunque todos sabemos que su comparecencia ante hechos dramáticos y la elocuencia no son precisamente su fuerte, éste mantuvo silencio sólo por petición e insistencia del servicio secreto, mientras volaba de Florida a Louisiana y de Nebraska a Washington. Antes de esos desplazamientos, tan sólo había efectuado una breve aparición televisiva al ser informado de lo ocurrido por su asesor, mientras se encontraba en una biblioteca junto a un grupo de niños. Con el semblante pálido se dirigió a los periodistas presentes y aseguró que el país, aparentemente, había sufrido un ataque terrorista. Después, a bordo del Air Force One y fuertemente custodiado, se mantuvo en paradero desconocido hasta que el servicio secreto permitió su regreso a la Casa Blanca para preparar su mensaje a la nación.

Entrada la noche, los ojos del mundo se centraban en el despacho oval. Con los ojos enrojecidos por las lágrimas y la ira, comenzaba su discurso alegando que la forma de vida estadounidense y su libertad habían sido atacadas en una serie de fatales actos terroristas totalmente deliberados. "Las víctimas estaban en aviones o en sus oficinas. Secretarias, hombres y mujeres de negocios, militares y empleados públicos. Madres y padres. Amigos y vecinos. Miles de vidas fueron cercenadas de repente por actos de terror perversos e infames." Actos que, según el presidente, buscaban amedrentar al país y sumirlo en el caos, pero que habían fallado al encontrarse con una nación fuerte. "Los ataques terroristas pueden sacudir los cimientos de nuestros mayores edificios, pero no pueden tocar los cimientos de Estados Unidos. Estos actos desintegran el acero, pero no pueden dentar el acero de la determinación estadounidense."

Visiblemente afectado por el contenido de sus palabras y tratando de ganarle a las lágrimas, el presidente continuaba su mensaje enarbolando el espíritu americano y comunicando su lista de prioridades. "Hoy, nuestra nación vio la maldad, lo peor de la naturaleza humana y respondimos con lo mejor de Estados Unidos, con la audacia de nuestros equipos de rescate, con la solidaridad de los desconocidos y los vecinos, que fueron a donar sangre y ayudaron en todas las formas posibles. Inmediatamente después del primer ataque, implementé los planes de emergencia de nuestro gobierno. Nuestro ejército es poderoso y preparado, nuestra prioridad es ayudar a quienes resultaron heridos y a partir de hoy tomaremos todas las precauciones para proteger a nuestros ciudadanos, en casa y en el resto del mundo, de futuros ataques." Un punto, este último, que todos necesitábamos oír. Tanto los ciudadanos de este país como quienes residen en él necesitábamos, al menos, escuchar de boca del presidente que los errores garrafales de las agencias de seguridad e inteligencia del país, CIA y FBI, no volverían a repetirse. Necesitábamos saber no sólo lo que iba ocurrir en el futuro, sino lo que podíamos encontrarnos a la mañana siguiente. "Las funciones de nuestro gobierno continúan ininterrumpidamente. Las agencias federales en Washington, que hoy han tenido que ser evacuadas, se están reabriendo esta noche con el personal esencial para reanudar sus operaciones mañana. Nuestras instituciones financieras permanecen fuertes y la economía americana también estará funcionando mañana."

Era necesario saber que tan cobarde atentado a la estabilidad del gigante no iba a quedar sin venganza y que éste, al igual que había doblegado enemigos en el pasado, también lo iba a hacer ahora. "La búsqueda de quienes están detrás de estos perversos actos está en marcha. He orientado todos los recursos de inteligencia y del cumplimiento de la ley para encontrar a los responsables y juzgarlos. No haremos distinciones entre los terroristas que cometieron estos actos y aquellos que los cobijan." Eran, tal vez, las palabras más contundentes del presidente, que venían a decir: o se está con Estados Unidos o se está con el terrorismo; y había que definir posiciones para evitar repercusiones en el futuro. Que esa "cruzada" mundial contra el terrorismo no iba a conocer fronteras si es que algún país quisiera financiar, proteger o albergar a los autores de la barbarie.

Y mientras las brigadas de rescate, militares, bomberos, policía y voluntarios trabajaban contrarreloj en un escenario de muerte y desolación, el presidente, con palabras sacadas de la Biblia, reconfortaba a quienes sufrían: "Esta noche les pido que recen por todos aquellos que sufren, por los niños cuyos mundos fueron cercenados, por todos aquellos cuya seguridad ha sido amenazada. Y rezo para que sean reconfortados por un poder superior que ha hablado a través de los tiempos en el Salmo 23: Aunque cruce por oscuras quebradas, no temeré ningún mal porque tú estás conmigo".

El presidente culminaba su mensaje a la nación asegurando que nadie olvidaría ese día y que continuarían en la defensa de la libertad y de todo lo que es justo en el mundo. Y esta última afirmación nos lleva a una reflexión: si bien Bush había llegado al poder con tendencias unilaterales, ahora debería formar y manejar la más compleja armada diplomática desde la conformación de los aliados en la Segunda Guerra Mundial. En muchas ocasiones, había reclamado el apoyo de las Naciones Unidas, Rusia o la OTAN, pero nunca como ahora pedía la solidaridad del mundo para ganarle la mano al terrorismo. "Estados Unidos y sus amigos y aliados se unen a todos aquellos que desean la paz y la seguridad en el mundo para ganar la guerra contra el terrorismo."

Una batalla que se perfilaba larga, pero a la que se sumaban incondicionalmente quienes condenaban el terror.

El mundo entero reacciona

El discurso del presidente Bush nos llegó al corazón y nos hizo pensar. A esas horas de la noche aún me encontraba en el canal, en lo que sería la cobertura más larga y emotiva de mi vida y de la que hablaremos más adelante. Después de un merecido descanso y mientras era relevada por una compañera, comenzaron las llamadas de algunos canales y emisoras internacionales para que les contara los últimos datos y las impresiones de lo que estaba ocurriendo. Llamadas de Argentina, Venezuela, Colombia e incluso de mi país, España. Todo había ocurrido tan inesperadamente, que los corresponsales de algunas cadenas no daban abasto hasta que los enviados especiales llegaran a Nueva York. Otros canales simplemente se engancharon a nuestra señal de Telemundo Internacional, que de forma ininterrumpida se mantuvo al frente de la noticia en los distintos escenarios de la tragedia. El mundo entero reaccionó de inmediato, no sólo ante la destrucción material, sino ante los miles de hombres y mujeres para quienes aquel martes iba a ser un día normal y nunca regresaron a sus hogares. Los más afortunados descansaban en las camas de los hospitales, mientras que el resto yacía entre toneladas de hierros retorcidos y candentes. Muchos de ellos, incluso, dieron su vida tratando de salvar a quienes estaban atrapados. Era impensable que a alguien pudiera pasarle inadvertido tal caos, dolor y destrucción. Ese día, el mundo dejó atrás las fronteras, las lágrimas se derramaron en Oriente y Occidente y la indignación y la impotencia se apoderaron tanto de ricos como de pobres.

Las embajadas de todo el planeta activaron de inmediato su estatus de alerta máxima y a Estados Unidos le llovió una avalancha de ofertas de ayuda material y espiritual. Los principales líderes del mundo reaccionaron enérgicamente contra la cadena de atentados terroristas en Nueva York, Washington y Pensilvania, y el teléfono rojo de la Casa Blanca elevó su temperatura al trabajar sin descanso. En Bruselas, la OTAN también incrementó de inmediato sus medidas en torno de y hacia el interior del cuartel general del organismo, activándose el Código Delta, uno de los niveles de máxima alerta.

La Unión Europea hizo público un comunicado en el cual expresó sus condolencias al pueblo estadounidense, anunciando por sorpresa una reunión urgente de los ministros de exteriores.

Las imágenes de Washington, la capital estadounidense, acordonada por el ejército del país y los buques lanzamisiles y portaviones enviados a Nueva York para defender a la ciudad de nuevos ataques, hicieron que el desconcierto y la psicosis de la población civil se extendieran por el mundo. Las amenazas de bomba se sucedieron a lo largo del día en distintas ciudades del planeta y las llamadas de teléfono reivindicando la autoría de los atentados en nombre de inexistentes organizaciones terroristas también hicieron que los gobiernos del mundo occidental temblaran de incertidumbre.

Esa página del 11 de septiembre quedó para siempre colgada en el calendario del nuevo siglo, mostrando al mundo que hay cosas más importantes que el dinero y el poder. Incluso en la ciudad de Nueva York y más allá, en el llamado epicentro de la economía mundial, en Wall Street. Ese fatídico día el gigante se mostró vulnerable al mundo, y el mundo descubrió que detrás de su imagen de acero el gigante tenía los pies de barro. Pero también descubrió su voluntad de hierro y la solidaridad desinteresada de todos y cada uno, desde cualquier lugar del planeta, de los que pusieron su granito de arena para apuntalar su estructura dañada. Miles de manos se estrecharon en una cadena de amor y el mundo se sorprendió al ver que por primera vez la prepotencia, el egocentrismo y las diferencias daban paso a la humildad, la preocupación por el sufrimiento ajeno y a la solidaridad sin distinciones.

Cobertura especial:
un pueblo que llora a sus muertos

Como antes comenté, ese 11 de septiembre fue un día que se quedará para siempre grabado en mi memoria y en mi corazón y, más allá de las razones obvias, hay una que fue especialmente significativa. Todos los que nos dedicamos al negocio de la televisión sabemos que el término "negocio", que es el que he usado, se aplica muy a menudo en el medio, más que el de "profesión". No tanto por quienes estamos detrás de la noticia o en una redacción, como por quienes manejan las riendas, que tratan, como es normal, de rentabilizar al máximo sus productos. Explicado esto, ahora podrán darse cuenta de la importancia de estos sucesos y por qué la mayoría de las cadenas del país decidieron emitir de manera ininterrumpida, día y noche, y sin comerciales, el alcance de la tragedia. Telemundo, por supuesto, no fue la excepción. Desde el momento en que los aviones chocaron contra las torres, todo el equipo de noticias, liderado por su vicepresidente Joe Peyronnin, nos pusimos en marcha coordinando la que sería la cobertura más larga y significativa de la televisión hispana en Estados Unidos. Una cobertura en la que todos pusieron su granito de arena, técnicos, redactores, directivos e incluso personal de otras áreas se sumaron a quienes estábamos desde hacía horas frente a las cámaras.

Fue una lección de solidaridad, de profesionalismo, de entereza... Aún puedo recordar a Lou Montt, nuestro director de personal, preocupado de supervisar personalmente que todos tuviéramos nuestro desayuno, comida y cena. Al presidente, Jim Mc Namara, visitando día y noche la redacción, alentando nuestro trabajo; y a todos los redactores y productores, como Manuela Guardia, Pablo Iacub, Peter López y tantos otros que sería muy largo enumerar, pero a quienes agradezco personalmente su dedicación y esfuerzo para ayudarnos a los presentadores en la realización de nuestro trabajo. Una labor de equipo en busca de la sensatez a algo que parecía incomprensible.

Fueron muchas horas al aire, horas de confusión, de emoción, de rabia contenida... Ese día había comenzado a presentar el noticiero a las 8 de la mañana y eran las dos y media de la madrugada cuando me retiraba a descansar unas cuantas horas para regresar a las 5 al canal. Había quedado establecido que el programa Esta mañana ampliaba su horario de 6 a.m. a 1 p.m. y que yo debería estar en el mismo. Al concluir, Pedro Sevsec, el presentador del noticiero estelar de la cadena, e Ilia Calderón, la presentadora del fin de semana, tomarían el relevo; después de un descanso, volvería a sentarme mientras alguno de mis compañeros se relajaba o comía algo, y así en adelante. Aún ahora, cuesta trabajo pensar cómo logramos mantenernos durante tantas horas. Si no hubiera sido por profesionales como José Díaz Balart, que entrevistaba desde la redacción a las decenas de invitados que se iban sucediendo, a Rogelio Mora, que realizaba algunas horas de la madrugada, y hasta a nuestros compañeros de deportes, Andrés Cantor y Jessie Losada, con quienes tuve la oportunidad de compartir el *set* y quienes dejaron bien patente que, cuando uno es un profesional en lo más extenso de la palabra, puede sacar a relucir su vocación y su preparación en cualquier área del periodismo.

Así, por relevos, nos mantuvimos más de una semana. Llevando los testimonios más amargos, los momentos más emotivos, entendiendo que no se trataba sólo de contar una historia, sino de

contar lo que sería Historia. Donde nosotros los periodistas no te-
mimos mostrarnos como seres humanos, dejando rodar alguna
lágrima mientras veíamos las largas filas de familias con las fotos
de sus desaparecidos, desesperados por hablar ante las cámaras de
nuestros corresponsales, buscando alguna pista sobre sus seres
queridos. Escuchando testimonios como los de Kellie Lee, quien
diera a luz dos días después de la muerte de su esposo en una de
las torres, o el de Simone Mitchell, que buscaba desconsolada a su
esposo Clinton, o el de la familia de Pablo Ortiz, uno de los muchos latinos que quedaron enterrados entre los escombros y que
dejaba a un bebé de tan sólo un año. Era difícil contener la emoción cuando nuestra corresponsal en Nueva York, Isolda Peguero,
o alguno de nuestros enviados especiales hablaba con alguna de
las 700 familias que, concentradas en las puertas de hospitales
como el Bellevue o vagando sin rumbo por las inmediaciones del
World Trade Center, habían perdido a algún ser querido.

Recuerdo ese emotivo momento en el que una bandera gigante
de Estados Unidos fue desplegada como el Ave Fénix mientras las
cuadrillas de rescate trabajaban contrarreloj en ese escenario de
muerte. Recuerdo cuando tuve que evitar cruzar una mirada con
Ilia para no llorar desconsoladamente al ver a muchos bomberos
venirse abajo, derrumbarse desfallecidos ante las ruinas de las torres donde yacían atrapados, y ya sin vida, más de 300 compañeros, incluyendo a su viejo capellán, el padre Mychal Jude. Entre
otras muchas, aún resuenan en mi mente las palabras de David
Ayala, un paramédico puertorriqueño, abrumado ante la dimensión
de los hechos: "… la ambulancia sólo tiene espacio para 4, se-
ñorita, pero llevamos 10. Si pudiéramos llevaríamos a más en este
viaje, pero sino no podemos cerrar la puerta. Sólo metemos la
gente que podemos y gritamos vamos, vamos, vamos".

No puedo apartar de mi vista un muro del este de Manhattan,
el de la estación de bomberos de la calle 29, cubierto por coronas

de flores, cartas de simpatía y dibujos de niños, entre los que se destacaba un pizarrón: en él, escritos con tiza, aparecían los nombres de la compañía número 7, de servicio esa mañana del 11 de septiembre: Foti, Princhiotta, Cain, Méndez, Richard, Díaz; y una nota pegada con grandes letras: "No tocar esta pizarra", escrita por los bomberos supervivientes con la esperanza de ir anotando todos los nombres hasta que el resto del grupo volviera a casa. Lamentablemente, ese pizarrón aún permanece en el muro con los nombres de la compañía.

Las calles del bajo Manhattan se llenaron de miles de personas con fotografías familiares convertidas en improvisados carteles que reclamaban alguna información sobre sus seres queridos. Como el caso de Mary Ortale, cuyo esposo Peter Ortale trabajaba en Euro Broker, una compañía financiera en una de las torres y que desapareció después del colapso. Mary estuvo durante meses vagando por las calles y hospitales, acompañada de su madre. Sus enormes ojos azules estaban rojos de tantas lágrimas, mientras sus manos sostenían con firmeza su foto de bodas, donde Peter aparecía abrazándola con una firmeza que tanto echaba de menos. Su voz, quebrada por la desesperación, sólo alcanzaba a susurrar: "… por favor, ¿han visto a mi esposo?". Desgraciadamente, unos meses después, los forenses encontraron parte de los restos de su esposo, los cuales pudieron ser identificados gracias a una muestra de ADN y Mary se convirtió, como muchos otros, en una viuda sin cuerpo que velar.

Esos momentos, sin lugar a dudas, fueron los más duros. Recuerdo que evitábamos mirarnos demasiado para no romper en llanto; si una imagen era dura, la siguiente peor. Nuestros corresponsales no daban abasto cuando se encendía la lucecita roja de la cámara. Como un enjambre, quienes buscaban a sus familiares se arremolinaban intentando mostrar la foto y dar los datos de sus seres queridos, en la esperanza de un milagro. Guillermo

Descalzi condujo toda la noche desde Miami a Nueva York con su camarógrafo. Sin descanso y venciendo el cansancio de tantas horas en ruta, nada más al llegar comenzó inmediatamente a trabajar recogiendo testimonios y enlazándose con nuestros estudios de Miami. Cada vez que Guillermo se enlazaba con nosotros, nos acercaba tanto a la realidad a través de sus entrevistados, que era difícil mantener al periodista frente al ser humano. A través de sus crónicas, sufrimos, lloramos y compartimos sentimientos que hasta hoy son encontrados.

Y si era impactante vivir el día con la claridad y la crudeza de las imágenes, la noche con su silencio sólo roto por las plegarias era una prueba de fuego frente a la cámara. Cada noche visitábamos Union Square, un improvisado centro de luto y debates, donde el olor de las velas se hacía sentir por varias calles a los alrededores y donde las flores, los carteles escritos de puño y letra y las oraciones llenaban cada rincón de la plaza. Las oraciones sólo eran interrumpidas momentáneamente cuando se efectuaban los relevos de trabajadores y las cuadrillas de bomberos, policías y voluntarios caminaban en grupos hacia el amasijo de hierros que un día fueran las torres. Sólo en ese instante, las lágrimas se secaban y en los rostros se podía ver una leve sonrisa, una mueca de agradecimiento. Esos momentos helaban la sangre. Comentaba con Ilia cómo una ciudad que siempre se había caracterizado por su autosuficiencia, por sus calles repletas de gente corriendo, inmersa en su propia existencia, había dado paso a una ciudad donde la solidaridad estaba por encima de cualquier lema. Donde la gente había detenido su frenética carrera para pararse frente a la foto de algún desconocido a rezar o a llorar conmovidos por su tragedia. Donde una simple bandera no había adquirido hasta entonces un significado tan emotivo y preciso. Los vendedores ambulantes llenaron las aceras con esa inusual mercancía, *pins* del cuerpo de bomberos o de la policía, gorras, camisetas y réplicas de las torres. En las ventanas de los edificios podía leerse el típico *I love New York*, y miles de banderas quietas, pegadas sobre los vidrios, parecían sumarse al duelo. Recuerdo que una de las cosas que más me llamó la atención cuando llegué a este país era la cantidad de banderas por metro cuadrado, en las tiendas, en los concesionarios de autos, en las películas... Era como si, en una interpretación improvisada, a cada paso hiciera falta recordar la idea de patria. Sin embargo, algo cambió a partir de ese 11 de septiembre, ese día en que yo compré una de esas banderitas para ondearla en mi coche. Ciudadana de otro país, esa bandera simbolizaba mi unión espiritual con este país, mi solidaridad, mi respeto y mi indignación. Hasta ese momento nunca me había sentido tan cerca de mi realidad, tan cerca de este país. Siempre he criticado abiertamente algunas políticas de esta llamada primera potencia del mundo, su prepotencia, en ocasiones su hipocresía... pero ese día nada podía justificar la barbarie, ese país era el mío, donde vivo, donde están mis amigos, mi casa y mi lugar de trabajo. Habían atentado también contra mí, y habían estado a punto de echar por tierra todas las ilusiones y sueños que un día empaqué en una pequeña maleta cuando me vine de España; como tantos que llegan a un país que no es el suyo y dejan atrás familia, amigos y patria.

En la cobertura de esos trágicos sucesos no sólo aprendí a ser mejor profesional, superando el cansancio y tratando de que nada se quedara sin contar, sino también a ser mejor persona, valorando lo que cotidianamente nos pasa inadvertido y sintiéndome afortunada por el simple hecho de celebrar el estar viva.

Pero si algo no nos pasó desapercibido ese 11 de septiembre y los días posteriores a la tragedia, fueron dos hombres que desde el primer instante hasta ahora, aún en la actualidad, supieron dejar de lado las alturas de sus despachos políticos para ponerse al servicio de su ciudad y de su pueblo. Esas dos personas, el actual gobernador del estado de Nueva York, George Pataki, y el ex alcalde de la ciudad, Rudolph Giuliani, enseñaron a muchos políticos de despacho cómo, con la camisa remangada, quitando escombros, apoyando a la policía y a los bomberos y consolando en su dolor a los familiares de las víctimas, supieron ganarse el corazón de los neoyorquinos y de la comunidad internacional en general. Si ustedes recuerdan un poco, no les será difícil ver a alguno de estos dos hombres en cualquiera de los actos de recordación de las víctimas o de coordinación de las arduas labores para salir del caos. Ambos trabajaron también en defensa de todos los desamparados y de todos aquellos que pensaban que no tendrían derecho a elevar sus voces, por el triste hecho de ser indocumentados. Para ellos, no importó el color de la piel, la raza o el idioma de quienes se vieron afectados por los brutales atentados, y su esfuerzo, incluso por encima de sus posibilidades, les valió el respeto y el reconocimiento de todos, incluso de los hispanos. Con ambos tuve la oportunidad de conversar y más adelante, cuando recordemos los aniversarios de los ataques, entenderán por qué aún en la actualidad sigue siendo fundamental su contribución a la recuperación del gigante.

"Sólo llamo para decirte que te amo"

Esta frase puede sonar bastante común. La mayoría de nosotros la hemos escuchado. Pero ese fatídico 11 de septiembre, esa frase adquirió un significado muy especial. Muchas de las personas que trabajaban en las torres, y que se quedaron para siempre atrapadas entre los escombros, o que viajaban en los aviones secuestrados tuvieron tiempo suficiente para tratar de ponerse en contacto con sus seres queridos. Conscientes de su propio drama, intuyendo que estaban a punto de morir, muchos de ellos realizaron llamadas a sus parejas, familiares o amigos. Recuerdo que había venido a mi casa para ducharme, cambiarme de ropa y dormir unas horas, cuando de repente estaba otra vez en el coche conduciendo hacia el canal. No había sido mucho descanso y me sentía agotada y con la necesidad de saber los últimos detalles de lo que estaba ocurriendo en Nueva York. Encendí la radio y una voz, entrecortada, con sollozos y en lo que sonaba a despedida, logró despertarme de inmediato. Puse atención y alcancé a escuchar: "Sólo llamo para decirte que te amo". Después los comentaristas del programa hablaban de esta grabación, un mensaje dejado a su esposo en un contestador automático por una mujer minutos antes de morir. Estaba deseando llegar al canal para saber más, necesitaba conocer a esa mujer, ver su cara, cómo era, qué hacía en las torres y qué sintió su esposo al escuchar su voz por última vez. Era una mezcla de miedo, morbo y dolor. Entré en el *news room*, como se llama aquí a la redacción de noticias, con ganas de comentar lo que había escuchado, cuando me di cuenta de que todos estaban hablando de lo mismo.

Ésa que hablaba entre sollozos era una mujer rubia, de hermosísimos ojos azules, llamada Mellisa Harrington. Estaba de viaje de negocios en la ciudad de los rascacielos y se hospedaba en el hotel Marriot, en el piso 101 de una de las torres del World Trade Center, donde participaba en una conferencia de ámbito financiero. Ese día la muerte la señaló con el dedo, escuchó la explosión del avión cuando se estrelló contra el edificio, unos pisos debajo de donde ella estaba. No había salida, quienes quedaron atrapados en los pisos superiores no tenían escapatoria, el humo y la proximidad de las llamas eran cada vez más insoportables. Consciente de su suerte, Mellisa tomó el teléfono para llamar por última vez a su esposo. Alcanzó a dejar un mensaje en el contestador automático de su casa en California.

"Sean, soy yo. Sólo quería decirte que te amo y que estoy atrapada en este edificio de Nueva York. Desconozco si un avión chocó contra la torre o fue una bomba la que explotó en los pisos de abajo. Está todo lleno de humo y no hay escapatoria y... sólo quería decirte que te amo."

Su esposo, Sean, un joven de pelo oscuro y ojos verdes, dormía cuando escuchó entre sueños la voz de Mellisa en el contestador. A pesar de que se levantó para tratar de llamarla de inmediato y saber qué estaba ocurriendo, marcó los números del celular de su esposa y ya nunca entró la llamada. Había escuchado su voz por última vez y ni siquiera había podido hablar con ella.

Pero lamentablemente este caso no fue aislado, muchos familiares recuerdan haber escuchado por última vez las voces de sus seres queridos. Los pasajeros de los aviones secuestrados también trataron desesperadamente de despedirse de sus familiares. Y esas voces, hasta ese momento anónimas, desconocidas para todos nosotros, se quedaron para siempre en nuestras mentes y en nuestros corazones. Mark Bingham tenía 30 años y viajaba en el vuelo 757 de United Airlines que volaba de Newark a San Francisco antes de caer en un área boscosa de Pensilvania. En medio de la confusión, instantes antes de la tragedia, alcanzó a hacer una sola llamada a su madre Alice: "Mamá, sólo quiero decirte que te quiero mucho, que siempre te querré. Te estoy llamando desde el avión porque, según dicen, hemos sido secuestrados. Hay tres hombres que dicen tener una bomba y nosotros vamos a tratar de hacer algo…". Fueron las últimas palabras de Mark y las primeras que hacían sospechar que los pasajeros de ese vuelo iban a tratar de reducir a los secuestradores y evitar una tragedia. Sus esfuerzos fueron en vano. Los pasajeros del 757 se convirtieron en héroes, su esfuerzo evitó que el avión alcanzara otro objetivo, posiblemente en la capital del país.

Sin embargo, algunos medios de comunicación extranjeros dieron un tratamiento distinto a la información; en España, en Francia y en Italia se especuló con la posibilidad de que el avión hubiera sido interceptado en pleno vuelo por los propios cazas estadounidenses, que se vieron en la obligación de derribarlo antes de llegar a Washington. La información del motín de algunos pasajeros que heroicamente sacrificaban su vida iba a ser más entendible que la justificación de una necesidad de evitar males mayores. En cualquier caso, el tiempo pasó y esta versión nunca ha podido ser corroborada. Héroes o mártires, lo cierto es que el recuerdo de ese grupo de personas siempre permanecerá en nuestra memoria, y el dolor de sus seres queridos será respetado y compartido a perpetuidad.

Y si ésas fueron las voces que se escucharon por última vez, no podemos dejar de mencionar las voces de la esperanza de quienes, durante y después del caos, volvieron a nacer. Recuerdo que ya entrada la noche, después de ese día de infarto y aún en la redacción, fui a buscar una taza de café antes de volver a sentarme ante las cámaras. Estaba conversando con algunos compañeros cuando nuestra mesa de asignaciones contactaba con algunos supervivientes que eufóricos celebraban la vida en una noche de duelo. Miguel Lomonaco, chef ejecutivo del restaurante Ventanas del Mundo, solía estar todos los días en la cocina del piso 106 alrededor de las 8:15 de la mañana, por eso fue que cuando sus familiares y amigos vieron las dantescas imágenes por la televisión, todos pensaron que Miguel había muerto en la tragedia. Sin embargo, él fue uno de los que, con su voz, iluminó la vida de sus seres queridos. Ese 11 de septiembre, y antes de incorporarse a su trabajo, decidió pararse en el centro comercial del subterráneo del edificio para comprar un par de gafas. Ese súbito impulso evitó su encuentro con la muerte. Setenta y tres de sus compañeros no corrieron la misma suerte. Por eso, desde esa misma noche, Miguel decidió quedarse a prepararle comida a los trabajadores de rescate, sumándose así a los miles de voluntarios que llegados desde cualquier lugar del mundo hicieron que del desastre naciera el ejemplo, la solidaridad y el amor desinteresado al prójimo.

2

UNA NACIÓN DE LUTO BUSCA RESPUESTAS

OTAN: "Un ataque contra uno es un ataque contra todos"

Pensé que la noche del 11 de septiembre iba a ser la más larga, todavía no me daba cuenta de lo que estaba por venir. Descansé unas horas mientras mis compañeros continuaban la cobertura ininterrumpida y en ese momento me di cuenta de que no me había comunicado con los míos, que desde España habían llamado en varias ocasiones muy preocupados. En ese preciso instante fue que caí en cuenta de que durante tantas horas de trabajo no había tenido un espacio para reflexionar sobre lo ocurrido, ya como ser humano y no como periodista. Por supuesto, había llorado con el dolor ajeno, pero no había tenido tiempo para pensar en mi vulnerabilidad, en mi propio dolor. Oír la voz de mis padres y mi hermana Yolanda desde Madrid, o la de mi hermana Maite en Ibiza, con la preocupación y la ansiedad de estar tan lejos, me hizo pensar en lo que sentirían las miles de familias que esa noche tendrían una cama vacía.

A las 5 de la mañana, como ocurriría durante más de una semana, regresé al canal. Esa madrugada el panorama era diferente, muchos compañeros también habían madrugado para ayudar en lo que pudieran, trayendo café, algo de comer, buscando reacciones, escribiendo... No había diferencia entre el maravilloso trabajo que éstos realizaban y el que realizábamos quienes estábamos frente a las cámaras.

Nos levantamos en un día de luto nacional, no sólo porque así

45

lo había declarado el presidente, sino porque no cabía la menor duda de que el alma de todos estaba de duelo. Las imágenes de la ceremonia en la catedral de Washington, oficiada por sacerdotes católicos, rabinos, clérigos musulmanes y pastores anglicanos, no ofrecían un panorama diferente al de republicanos y demócratas unidos ante el mismo sentimiento de dolor y lucha contra la adversidad.

Mientras la redacción seguía inundada por los testimonios dantescos de quienes desesperadamente buscaban a los suyos, supimos que el presidente Bush había abandonado la catedral capitalina para dirigirse en el avión presidencial hasta Nueva York, donde tenía previsto visitar a los socorristas en la ardua labor de remover los escombros de las Torres Gemelas. Fue un momento que se esperaba con ansiedad y que superó las expectativas. Ataviado de forma simple y con un casco como el que llevaban los equipos de rescate, ninguno de nosotros podrá olvidar, patriota o no patriota, el momento en que subido en un amasijo de hierros retorcidos y con un megáfono en la mano se dirigió a los obreros... De entre la multitud se oyó una voz que exclamó: "No se oye... Aquí no se oye..."; y la voz del presidente que exclamaba: "Yo sí te oigo... todos te estamos oyendo". Fue una forma de romper el dramatismo, de esbozar alguna que otra sonrisa. El discurso fue el mismo desde el momento en que se conocieron los ataques, pero el escenario y los actores hacían que en esta ocasión las palabras del presidente adquirieran una dimensión diferente. De entre las cenizas, una inmensa bandera ondeaba en uno de los edificios que difícilmente se mantenía en pie. Una bandera que con el tiempo se convirtió en el símbolo de la lucha del gigante, que como el Ave Fénix trataba de renacer de entre la destrucción.

Y a medida que pasaba el tiempo, la avalancha de información nos llegaba desde cualquier rincón del planeta. El mundo reaccionaba a la tragedia.

En una medida sin precedentes, la Organización del Tratado del Atlántico Norte, a través de su secretario general George Robertson, declaraba que el ataque contra Estados Unidos sería considerado un ataque contra los 19 países que componen la Alianza. Los embajadores invocaban por primera vez en 52 años el artículo 5, la cláusula de defensa mutua que había sido redactada en 1949 ante la posibilidad de un enfrentamiento con el entonces bloque soviético.

Lo que esta cláusula venía a significar era que Estados Unidos tenía a partir de ese momento el apoyo del resto de sus socios en la OTAN para lanzar una respuesta militar si se determinaba que los ataques habían venido del exterior.

Asimismo, el Consejo de Seguridad y la Asamblea General de Naciones Unidas condenaban de forma unánime los atentados. A partir de esas declaraciones, no era difícil imaginar lo que estaba por venir. El gigante no iba a permitir un atentado de estas dimensiones dentro de su propio territorio sin castigar a los culpables. Las cartas estaban echadas.

Las palabras del presidente Bush en su primer mensaje a la nación tras los atentados no podían resaltar más la idea de sorpresa, dolor, venganza y justicia. "Las imágenes de aviones colisionando con edificios, incendios, grandes estructuras colapsando, nos han llenado de incredulidad, una terrible tristeza y un calmado, impecable enojo... Los ataques terroristas pueden sacudir los cimientos de nuestros mayores edificios, pero no pueden tocar los cimientos de Estados Unidos. Estos actos desintegran el acero, pero no pueden dentar el acero de la determinación estadounidense."

La guerra contra el terrorismo estaba declarada, la pregunta del millón, la que nos hacíamos todos, era hacia dónde apuntarían los cañones y cuánto duraría la búsqueda, el presidente había sido muy claro en su mensaje: "La búsqueda de quienes están detrás de estos actos perversos está en marcha. He orientado todos los recursos de inteligencia y del cumplimiento de la ley para encontrar a los responsables y juzgarlos. No haremos distinciones entre los terroristas que cometieron estos actos y aquellos que los cobijan. Estados Unidos y sus amigos y aliados se unen a todos aquellos que desean la paz y la seguridad en el mundo para ganar juntos la guerra contra el terrorismo... Éste es un día en que los estadounidenses de todas las profesiones y condiciones sociales se unen por la justicia y la paz. Estados Unidos ha doblegado a enemigos antes, y lo mismo hará ahora. Ninguno de nosotros olvidará jamás este día. Sin embargo, continuaremos en la defensa de la libertad y de todo lo que es bueno y justo en el mundo".

Coalición global contra el terrorismo

En los días siguientes, esas palabras del presidente no dejaron de resonar con más fuerza que nunca. La redacción se convirtió en mi hogar, así como en el de muchos de mis compañeros. Queríamos que todos en sus hogares pudieran ser testigos de primera mano del horror y, paradójicamente, del amor que emanaba de los lugares en donde se habían producido los atentados. Se había tomado una importante y arriesgada decisión, mantener la cobertura de forma ininterrumpida, día y noche, sin cortes para publicidad. Era la primera vez que un medio de comunicación nacional hispano en Estados Unidos seguía los pasos de las grandes cadenas en inglés. Nos sentíamos orgullosos de ser los únicos, de ver cómo la competencia abandonaba la cobertura para mantener prácticamente su programación regular, cubriendo sólo la noticia en sus espacios informativos. El reto nos mantuvo firmes a pesar del cansancio. Recuerdo que en los pocos momentos en que me desconectaba del trabajo para venir a casa, me desconectaba del lugar físico del trabajo pero difícilmente del tema. Ser periodista, además de ser mi pasión y parte de la esencia de mi vida, no puede decirse que en ocasiones se lleve de forma sencilla... y el mejor ejemplo es el citado: tratar de desconectarse al llegar a casa y darte cuenta de que todos te esperan para preguntar qué es lo último, qué sabes sobre tal o sobre cual... nuestro trabajo es divulgar la actualidad y esa actualidad es nuestra vida misma.

Pero regresando al tema principal de esos días, y tras la afirmación del presidente Bush de emprender una batalla contra el terrorismo internacional dondequiera que éste se encuentre, el Congreso de Estados Unidos aprobó de forma unánime una resolución que autorizaba al mandatario a usar "toda la fuerza necesaria y apropiada" contra los responsables de los atentados suicidas. Por primera vez, republicanos y demócratas siguieron la misma línea. El congresista Jerrold Nadler, un demócrata de Nueva York, señalaba: "Los escombros y la cantidad de víctimas que yacen a pocas calles de mi oficina demuestran que no tenemos opción. Debemos responder a la guerra a la que nos han empujado".

En un comunicado el Departamento de Defensa indicaba que se había decidido llamar a 50 mil reservistas. El Pentágono informaba que inicialmente quedarían convocados 13 mil efectivos de la fuerza aérea, 10 mil del ejército, 7 mil 500 de la infantería de marina, 3 mil de la armada y 2 mil de la guardia costera. Además, el paquete de ayuda de 40 mil millones de dólares aprobado por el Congreso duplicaba la cantidad pedida en principio por Bush. Un dinero destinado a las tareas de rescate, reconstrucción, refuerzo de las medidas de seguridad y acciones de represalia contra los autores de los atentados.

Fueron varios los medios extranjeros y europeos, sobre todo españoles, que se pusieron en contacto conmigo para entablar comunicaciones telefónicas y enlaces en vivo, y contarles desde aquí la perspectiva de la tragedia. La perspectiva del único periodista español que trabajaba desde hace años en la televisión nacional estadounidense. Algo que me llenaba de orgullo y que me hacía dejar atrás los malos momentos vividos al estar separada de mi país y de mis seres queridos desde hacía casi 10 años.

Y mientras a nivel nacional se ajustaban los cabos para derrotar al terrorismo, a nivel internacional la Unión Europea activaba medidas de seguridad y ponía en máxima alerta a las fuerzas de seguridad. Londres decretaba el estado de alerta en todo el país y sus representaciones diplomáticas en todo el mundo. Alemania, a través de su canciller Gerhard Schroeder, afirmaba que los atentados constituían una declaración de guerra contra el mundo civilizado y afirmaba que Estados Unidos contaba con el apoyo irrestricto de Alemania. Por su parte, el primer ministro francés, Lionel Jospin, desencadenaba la fase máxima del plan antiterrorista Vigipirate, un conjunto de medidas concebidas en la época de los atentados islámicos en Francia, con lo que se reforzaban las medidas de seguridad en lugares públicos, transporte, fronteras e instalaciones de gobierno. Sumándose a estas medidas, el aeropuerto de Fiumicino, el más importante de Roma, y la embajada estadounidense son puestos en estado de máxima alerta, mientras se reforzaban las medidas de seguridad en la sede del comando de la OTAN en Bagnoli. Y en España, el presidente José María Aznar anunciaba de inmediato medidas de excepción, como la activación de los planes de máxima seguridad en aeropuertos.

Es difícil no recordar cómo se iba viviendo toda esa avalancha de acontecimientos. Nunca hasta ese momento el mundo había reaccionado tan al unísono, tanto los llamados "amigos" de Estados Unidos como aquellos que durante años mostraron su adversidad a la primera potencia del mundo. Entre tinieblas, podíamos adivinar los perfiles de lo que representaría un ataque contra este país y contra el régimen de seguridad internacional de la posguerra fría.

Por primera vez, un país había sido objeto de un ataque a la escala de una ofensiva militar como las que podría haber provocado un ejército invasor en tiempos de guerra, pero en este caso había sido perpetrado por una organización terrorista en tiempos de paz. Una organización terrorista que en numerosas ocasiones había mostrado su desprecio por este país y por sus intereses en el mundo. Una banda de terroristas hasta ese momento casi desconocida que se atrevió a convertir en barro los pies del gigante, con una coordinación, un apoyo financiero y una infraestructura tal que sólo otra nación podría haber realizado.

Y mientras más analizábamos los datos de los que disponíamos, más cobraba valor una pregunta que todos nos hacíamos desde el principio. Si el brutal atentado fue un golpe contra Estados Unidos y los valores que encarna en materia de superpotencia y de seguridad... ¿qué pasó con las infalibles agencias de inteligencia de este país, incapaces de detectar una tragedia de tal magnitud?

Grave error de la CIA y el FBI

Varios días habían pasado ya y nuestra cobertura "Una nación en busca de respuestas" continuaba de forma ininterrumpida. En esos momentos éramos la única cadena hispana a nivel nacional que no mantenía su programación habitual. El esfuerzo por parte de todos era extraordinario. Además de nuestros corresponsales y la avalancha de información que recibíamos, una veintena de especialistas fueron convocados para ayudarnos a desentrañar los pormenores de lo que estaba ocurriendo. De entre todos los que realizaron un destacado trabajo, y que sería muy largo enumerar a todos ahora, cabría destacar la presencia de Octavio Pérez, un militar de rango retirado, ex veterano de la guerra del Golfo Pérsico, analista militar y experto en la materia que más adelante se convertiría en pieza clave de otra cobertura impresionante de Telemundo: "Objetivo Saddam", el desarrollo de la guerra de Irak, en el que la cadena se anotó uno de sus éxitos más significativos en materia de noticias. Pero hasta que lleguemos a ese capítulo, Octavio nos ayudó a comprender todos los pasos que la administración Bush estaba dando en su lucha contra el terrorismo y, lo más importante, lo que estaría por pasar...

Sobre todo en cuanto al espinoso tema de la seguridad interna. Podríamos sentirnos realmente seguros con las nuevas medidas impuestas por el gobierno o podíamos esperar el mismo error garrafal que habían cometido las agencias de inteligencia de este país...

El fracaso de la CIA, el FBI y la NSA fue estrepitoso. Las agencias de inteligencia más importantes del mundo habían sido incapaces de prevenir la tragedia, aun a pesar del precedente en el mismo World Trade Center en febrero de 1993 y las continuas amenazas del principal sospechoso, el saudí Osama Bin Laden, quien desde hacía tiempo venía prometiendo "una gran acción" contra el país al que tantas naciones árabes y musulmanas identifican como el protector de Israel y su política de represión a las revueltas palestinas. Las agencias habían sido incapaces de luchar contra su propia burocracia y habían sido devoradas por sus propias ansias de éxito. Las críticas arreciaron sobre todo contra la CIA, cuando el diario *USA Today* reveló que varios de sus agentes lograron infiltrarse en la red Al Qaeda pero no fueron capaces de sabotear los planes del 11 de septiembre... Eran sólo las primeras afirmaciones sobre una cadena de errores que culminarían en el momento en que se supo que el gobierno de Estados Unidos había planeado durante ocho meses un plan de ataque contra la red terrorista, que no pudo ser puesto en marcha por la falta de fluidez en la transición presidencial de la administración de Bill Clinton a la de George W. Bush. Para colmo, ese plan fue aprobado una semana antes del 11 de septiembre, tiempo insuficiente para ponerlo en marcha y evitar los brutales ataques. Lamentablemente, no sería lo único que conoceríamos en los meses siguientes a los atentados. Más errores de ambas agencias pondrían de manifiesto y con titulares luminosos la falta de comunicación entre ambos organismos.

En la primavera de 2001, antes de los ataques, los propios servicios secretos de Estados Unidos admitían que Bin Laden, a quien ya conocían por estar detrás de los atentados contra las sedes diplomáticas estadounidenses en Kenia y Tanzania, usaba la Internet de forma muy hábil para comunicarse a escala internacional. No sólo empleando el correo electrónico, evitando escribir palabras que pudieran levantar las sospechas de programas de rastreo como Carnivore, sino, sobre todo, usando los miles de *chats* del ciberespacio para comunicarse con sus compinches en cualquier lugar del planeta. Además, ya se hablaba del uso de los teléfonos móviles con tarjetas prepagadas, imposibles de rastrear y que después de 2 o 3 llamadas tiraban a la basura, en vez de los teléfonos de línea convencional. Aparentemente se sabían muchas cosas que poco a poco fueron saliendo a la luz, pero la principal interrogante seguía sin contestarse: ¿Cómo pudo suceder esta barbarie en un país con el sistema de defensa más avanzado del mundo?

Una pregunta que no podíamos dejar en el aire y que, por supuesto, le hicimos a nuestro asesor militar, Octavio Pérez. Éste, después de tomarse su tiempo y con la preparación y documentación que acompañan a cada una de sus respuestas, nos dijo que los sistemas de defensa de Estados Unidos, incluido el posible escudo contra misiles, si hubiera estado en marcha, no hubiera servido para nada en el caso de un ataque de estas características, donde los aviones secuestrados son convertidos en armas letales. Además, Octavio nos comentaba que la desviación de ruta de los aviones se produjo unos pocos minutos antes de alcanzar sus objetivos, por lo que los sistemas de radar, a pesar de su sofisticación, no contaban con el tiempo suficiente para reaccionar en caso de que se determinara que los aviones estaban siendo desviados.

Sin embargo, si bien en materia militar aseguraba que no se podía haber hecho más, al igual que otros muchos entrevistados, también señalaba la falta de coordinación de las agencias de inteligencia en la prevención de los ataques. Octavio nos comentaba que los servicios de información e inteligencia habían fallado rotundamente, y que era ahí donde habría que comenzar a exigir responsabilidades. "¿Cómo no se han interceptado las comunicaciones entre los diferentes grupos que operaban coordinadamente, si uno de los supuestos puntos más importantes es el control de mensajes por medio de la red y toda clase de comunicaciones radioeléctricas?" Nuevamente llegábamos al punto sobre cómo se procesaba hasta ese momento la información relativa a supuestos grupos terroristas en el país. Máxime cuando meses después se descubriera que los autores del atentado eran grandes conocedores de Estados Unidos, que habían residido como cualquiera en el sur de la Florida, que habían aprendido a volar aviones en una escuela de ese estado y, lo más increíble, que incluso el Servicio de Inmigración y Naturalización les había otorgado una visa, algo que analizaremos más adelante.

Señalados con el dedo, de ese momento en adelante la prioridad, por encima de las represalias, fue enmendar el error y tratar nuevamente de hacer de Estados Unidos un lugar seguro. El atentado del 11 de septiembre fue no sólo un golpe contra el pueblo estadounidense sino, por el simbolismo y la magnitud de la tragedia, un claro golpe al papel que juega en el mundo como potencia militar y económica, atacando dos de sus blancos más simbólicos: el World Trade Center, símbolo del poder económico; y el Pentágono, símbolo del poder militar.

Pero según se iban conociendo los detalles e iban apareciendo más evidencias de que el FBI y la CIA habían recibido decenas de avisos de lo que iba a suceder ese 11 de septiembre de 2001, más nos preguntábamos también nosotros si podrían haberse evitado.

El senador demócrata Joseph Liberman definía con las siguientes palabras la frustración imperante en los círculos de poder tras el ataque: "Lo que más nos irrita, exaspera y rompe nuestros corazones es el fracaso absoluto de la comunidad de inteligencia en compartir información con la comunidad policial y viceversa". Una aseveración totalmente certera. Lamentablemente, según íbamos entrevistando analistas y recopilando datos, más nos dábamos cuenta de que los servicios de inteligencia de Estados Unidos no supieron o no quisieron leer las varias y claras evidencias de que se preparaba un ataque con aviones secuestrados en contra de objetivos militares y civiles. Los ahora famosos "Informe Phoenix" y el "memo de Minessota" son sólo un ejemplo de que el FBI sabía técnicamente que se preparaba un gran atentado, y digo técnicamente porque era información aislada, acumulada sobre algún buró, sepultada entre otro montón de información que con sólo haber sido compartida con otra agencia, como la CIA o la NSA, podría haber completado el círculo necesario para evitar los ataques.

Dos años antes del ataque, un agente del FBI llamado Kenneth Williams, destinado en la estación de Phoenix, Arizona, detectó que varias personas de origen árabe, algunos de ellos con vínculos con terroristas islámicos, estaban tomando clases de aviación en escuelas privadas. Después de varios meses de investigaciones, Williams redactó un informe de cinco folios en el que plasmaba sus más temidas sospechas, que varios extremistas árabes estarían aprendiendo a pilotar avionetas en Estados Unidos con un objetivo presumiblemente peligroso. El agente envió el informe a sus superiores en Washington, pero supuestamente nadie le dio la atención que requería.

Algo muy parecido sucedió en Minneapolis, Minnesota, sobre uno de los terroristas que conformaban el equipo de la muerte. El 16 de agosto de 2001, menos de un mes antes de los ataques, un ciudadano francés de origen árabe era detenido por tener vencido su permiso de residencia en el país mientras tomaba clases de piloto de aviones en una escuela de Eagan. Se trataba de Zacarias Moussaoui, quien supuestamente también formaba parte del grupo de terroristas, aunque no se haya subido a los aviones convertidos en proyectiles. Los agentes trataron de conseguir una orden para registrar sus bienes e incautar la información de su computadora, pero sus superiores jamás les permitieron hacerlo.

Así pues, los piratas aéreos sobornaron a empleados de la oficina de vehículos para obtener licencias de conducir falsas, alquilaron departamentos, abrieron cuentas bancarias e incluso se afiliaron a gimnasios. Durante el día iban a clases de aviación, al supermercado y hasta fueron multados por exceso de velocidad, y por la noche cenaban en restaurantes de Miami Beach y se divertían en clubes de la playa, sin levantar la mínima sospecha por parte de los investigadores encargados de la seguridad de este país. Recuerdo que en uno de los programas que presento desde hace ya varios años con mi compañero Rogelio Mora Tagle, Hoy en América, para el canal internacional de Telemundo, ambos tuvimos la oportunidad de entrevistar al profesor de aviación de Mohammed Atta, uno de los secuestradores que se mataron al impactar el avión contra una de las torres ese 11 de septiembre. Este hombre juraba que jamás podría haber sospechado una cosa así de su alumno, al que calificó como un muchacho tímido y atento, con una enorme pasión por la aviación. Algo muy similar a lo que nos contaba en el mismo programa su profesor de judo. Lo mismo que lo contado sobre otros de los secuestradores: muchachos tímidos, relajados, nada violentos y muy esmerados en su trabajo. ¿Se imaginan?

Como decimos siempre los que nos dedicamos a informar, aunque a nosotros no nos corresponde emitir juicios de lo que puede ser verdad o mentira, tras las evidencias que mostramos muchos de nuestros televidentes de entonces y muchos de ustedes ahora estarán de acuerdo conmigo en que sólo estos dos ejemplos de los tantos que se acumularon eran suficientes para asegurar la ineficiencia de estas agencias.

Todo apunta a un hombre:
Osama Bin Laden

Estados Unidos, en su comprensible afán por encontrar al culpable de los sangrientos atentados, topaba entonces con su mayor obstáculo: identificar a su blanco. Aunque las primeras sospechas se centraban en el millonario saudí convertido en líder de la yihad, Osama Bin Laden, grandes enigmas flotaban en el ambiente: ¿Dónde se esconde? ¿Quiénes lo protegen? ¿Cuál sería su base de operaciones y hasta dónde alcanzarían los "tentáculos" de su red terrorista?

Como ya hemos visto en capítulos anteriores, lo cierto es que Osama Bin Laden no era ningún desconocido para las agencias de inteligencia de este país. Ya en diciembre de 2000, en vísperas de recibir el nuevo milenio en Nueva York y Washington, la CIA y el FBI habían advertido públicamente que Osama Bin Laden planeaba un sangriento atentado al interior de Estados Unidos. En aquel momento se incrementaron las medidas de seguridad en las fronteras y un argelino fue detenido con explosivos cuando intentaba cruzar desde Canadá. Además, y por si hubiesen sido pocas las advertencias, tres semanas antes de los atentados del 11 de septiembre, oculto en Afganistán y a través de varios diarios en Londres, Osama Bin Laden advertía que él y sus hombres llevarían a cabo "un ataque sin precedentes en Estados Unidos". A este respecto, las declaraciones de Abdel Bari Atwan, árabe y director del periódico londinense *Al Qds Al Arabi*, de que había recibido personalmente información de que Osama Bin Laden estaba planeando un atentado de esas dimensiones, me sirvieron, al ver los efectos de la tragedia sobre el World Trade Center, para descartar de inmediato la posibilidad de un accidente y resaltar la hipótesis de un atentado perpetrado por fundamentalistas islámicos.

Pero más allá de las amenazas a Estados Unidos y a sus intereses alrededor del mundo, y de sus acciones concretas en las embajadas estadounidenses en Kenia y en Tanzania el 7 de agosto de 1998, donde murieron más de doscientas cincuenta personas y un número superior a las cinco mil personas resultaron heridas, todos queríamos conocer más sobre la personalidad de este hombre, que más que un "llanero solitario" resultaría ser el actor principal de una intrincada y sofisticada red de estados patrocinadores de actividades terroristas, jefes de servicios de inteligencia y terroristas consumados. Es difícil no recordar la avalancha de información que nos llegó a la redacción sobre este hombre y su red. De ser un perfecto desconocido, en poco tiempo pudimos entrever la complicada personalidad del saudí y, lo más preocupante, además del gran apoyo que le proporcionaba su dinero y el de su familia, la enorme influencia que mantenía en muchos países árabes.

Osama Bin Laden no surgió de repente, como el genio de la lámpara mágica. George W. Bush tiene razones de sobra para querer la cabeza de este ex aliado convertido hoy en "el terrorista más buscado del mundo". Esa trama de las relaciones entre Bin Laden y Washington aporta ciertas claves para entender por qué a Estados Unidos le ocurre como al doctor Frankenstein, que una vez concluida su misión se aterrorizó de la criatura que había creado. La escritora hindú Arundhati Roy, en un artículo titulado "El álgebra de la justicia infinita", aseguraba que Bin Laden no era otra cosa que el secreto familiar de América: "El doble macabro del presidente norteamericano o el hermano gemelo salvaje de toda esa gente que pretende ser maravillosa y civilizada". Afirmaciones muy personales de la escritora.

Osama Bin Mohammed Bin Laden nació en Riad, Arabia Saudí, en 1957. Hijo de un humilde estibador de origen yemenita que logró convertirse en el mayor contratista de obras de su país, el joven Osama se educó en los mejores colegios y centros educativos del mundo árabe. En 1979, tras finalizar los estudios en la Universidad de Jedda, pasó a formar parte de la plantilla de ingenieros de la empresa familiar, compuesta nada menos que por 54 hermanos y hermanas. Sin embargo, su trayectoria se vio truncada en diciembre de ese mismo año cuando el ejército rojo ocupó Afganistán. Entonces, Bin Laden decidió dejar la empresa familiar para integrarse al movimiento que combatía la presencia militar rusa, recaudando fondos para la resistencia afgana.

Durante aquel tiempo, la guerrilla afgana contaba con poderosos aliados, los servicios secretos de Pakistán, de Arabia Saudí y, tal vez el más importante de todos, de Estados Unidos y su agencia de inteligencia, la CIA. Las acciones de Osama Bin Laden contra los soviéticos le dieron fama mundial, al grado de que el millonario saudí convertido en guerrero pasó a ser entrenado por los propios servicios estadounidenses, puliendo sus habilidades guerrilleras y poniéndolo al mando de comandos árabes supuestamente financiados por la CIA para combatir a las fuerzas soviéticas. Aparentemente con la ayuda de este cuerpo de inteligencia y de los servicios de espionaje de las Fuerzas Armadas de Estados Unidos, desde Pakistán, había puesto en pie, en los primeros años la década de los ochenta, una red para la recaudación de fondos y el reclutamiento de combatientes para los muyahidines afganos. Parte de esta actividad, germen de la actual organización Al Qaeda (que significa "La Base"), se financió con la producción y tráfico de morfina, la base de la heroína. Sus supuestos contactos con los servicios secretos de Riad y Washington lo convirtieron en el tesorero del terror y le permitieron ganar una fortuna que hoy se estima en más de 300 millones de dólares.

Terminada la guerra, y una vez servidos los intereses de Estados Unidos al impedir que el comunismo se extendiera por Afganistán, Osama Bin Laden dejó de ser uno de sus mayores aliados y se convirtió en uno de sus principales enemigos. La ruptura se produce en 1990, cuando en su combate contra el Irak de Saddam Hussein a Estados Unidos se le ocurre desplegar tropas en Arabia Saudí, tierra cuna de los lugares sagrados de La Meca y La Medina. Osama Bin Laden entonces acusa públicamente a la monarquía saudí de abandonar los principios del Corán al apoyar a Washington en la guerra del Golfo y, lo que para él era lo más importante, por permitir la presencia de tropas estadounidenses en tierras del Islam. Como es de imaginar, las críticas no cayeron en saco roto y en menos de dos días es expulsado de su propio país.

Desesperado, Osama Bin Laden se instala en 1991 en Sudán, donde busca refugio a la espera de encontrar aliados para la lucha contra su enemigo. Desde allí, firma la paz con varios movimientos radicales chiíes, fijándose como meta común la lucha contra Estados Unidos y sus aliados. Después de varios años de entrenamiento y de preparación, en febrero de 1993 las Torres Gemelas de Nueva York son el objetivo escogido por este banquero del terror para saciar su ira. El World Trade Center se ve sacudido con una furia hasta el momento insospechada. Tan insospechada que por primera vez en la historia la vulnerabilidad del gigante se ponía de manifiesto.

Recuerdo que, en aquel entonces, trabajaba para los servicios informativos de Antena 3 TV, en España. Nunca podré olvidar la llegada a la redacción ese frío 26 de febrero de 1993. Mientras conducía camino a San Sebastián de los Reyes, en Madrid, donde se encuentran las instalaciones de la televisora, mi jefe de entonces, mi querido Agustín, me llamó para decirme, con la "delicadeza" que le caracterizaba: "Vente a toda leche que no sabes qué imágenes están llegando de Nueva York... ha habido un atentado y se ve bastante chungo". Cuando llegué a la redacción, las imágenes de CNN eran realmente dantescas, los heridos atendidos en plena calle, las escenas de histeria, las camillas con los cuerpos de los muertos. El atentado se había producido alrededor de las 6 de la mañana hora española, las doce del día en Estados Unidos, justo cuando la afluencia de público en las torres estaba en pleno apogeo. Inmediatamente, junto a los compañeros que ya estaban siguiendo la información y contactando a nuestro corresponsal en la ciudad de los rascacielos, pude obtener toda la información necesaria para elaborar un reportaje para el informativo del mediodía. Por el momento, sólo se sabía que una camioneta cargada con explosivos y estacionada en uno de los garajes subterráneos de las torres había explotado, causando un agujero de más de 18 metros cuadrados de ancho en el subterráneo y afectando a cinco pisos del edificio. Más tarde vendrían las cifras. Seis personas, que habían acudido como todos los días a sus puestos de trabajo, encontraron la muerte. Bob Kirkpatrick, de 61 años, Steven Knapp, de 47, y Bill Macko, de 57, eran supervisores mecánicos de una agencia de transporte; mientras que Mónica Rodríguez era secretaria de Macko. Los cuatro se encontraban almorzando en el sótano de las oficinas, contiguo al estacionamiento, cuando tuvo lugar la explosión. Las otras dos víctimas, Wilfred Mercado, de 37 años, trabajaba en el restaurante Ventanas del mundo, en la Torre Norte y se encontraba registrando comida en el sótano; y John Giovanni, que estacionaba en ese momento su coche, también estaba en el lugar elegido para su cita con la muerte.

La pregunta de aquel entonces no fue muy diferente de la que nos hicimos este 11 de septiembre: ¿Cómo fue posible que las agencias de inteligencia más poderosas del mundo no pudieran prevenir un atentado de estas características en el corazón de la gran manzana y que no estuvieran alertadas de los movimientos de terroristas islámicos asentados y preparando su trampa mortal desde las propias fronteras de Estados Unidos? La pregunta nunca fue respondida. Tanto en uno como en otro caso, el FBI culpaba a la CIA y la CIA al FBI, y a fin de cuentas nadie aceptó la responsabilidad por la falta de comunicación entre ambas organizaciones, por la incompetencia de algunos jefes de departamento de aquel entonces y por la extrema burocracia.

Años después, concretamente en 1995, el cerebro del atentado, Ramzi Ahmed Yousef, de 29 años, era detenido en Pakistán, y en 1998 era condenado a 240 años de cárcel junto a sus colaboradores. Durante el juicio, Yousef había estipulado que planeó la explosión como una protesta por las estrechas relaciones entre Estados Unidos e Israel y por la política proteccionista del gigante hacía este Estado frente al pueblo palestino. Aunque Bin Laden no fue directamente inculpado, investigaciones posteriores vincularon este hecho y las razones aducidas en el juicio a la mano negra del multimillonario saudí.

Pero no sería la única vez que ese nombre sonaría a sangre para Estados Unidos. A él se le adjudica la muerte de dieciséis soldados estadounidenses en 1996 y otros dos hechos dantescos: las bombas en las embajadas estadounidenses en Kenia y Tanzania en 1998 y el atentado contra la embarcación *USS Cole* en octubre de 2000.

En los meses posteriores al atentado del 11 de septiembre, y en un afán de "ilustrar" la personalidad y el poder del saudí, no tuvimos más remedio que remontarnos a aquellas fechas fatídicas. Algo que no era especialmente difícil... porque en ambos casos, cuando sucedieron los hechos, la noticia dio la vuelta al mundo y las imágenes difícilmente podían olvidarse.

Ese 7 de agosto de 1998 el calor de Miami era más insoportable que nunca. Estábamos en pleno verano y la redacción, como suele ocurrir en esas fechas, estaba un poco más vacía de lo habitual. Por aquel entonces trabajaba de tiempo completo para CBS Telenoticias, el canal internacional cuyo objetivo principal era mantener al público de América Latina y de Estados Unidos informados las 24 horas del día. Por eso, a diferencia de los *networks*, las coberturas eran tan extensas como requiriera la información, y podíamos enlazarnos con nuestra red de corresponsales el tiempo que fuese necesario. Esa mañana me encontraba en el pequeño Café 51, un extraño y ya extinto garito al más puro estilo cubano, en cuyas paredes bailaban los rostros de los presentadores y artistas principales de Telemundo, y en el que te servían el mejor cortado de los alrededores. Era el punto de reunión y "obligado" lugar donde solíamos matar el hambre o la sed de cafeína. Entre risas y charlas, en un determinado momento la camarera se me aproximó para decirme que me habían llamado de la redacción, que fuera volando porque había un "urgente". Un mensaje demasiado escueto para lo que me encontraría en las horas siguientes. Volé literalmente hacia el *set* y ya a mitad de camino una de nuestras productoras de aquel entonces, Marta Bello, salió a mi paso para entregarme los cables. Acababan de explotar dos bombas con sólo minutos de diferencia en las embajadas de Estados Unidos en Kenia y Tanzania. Mientras me terminaba de poner el micrófono y el IFB (para aquéllos no acostumbrados al argot de la televisión, es el aparatito que llevamos en el oído y a través del cual nos dan todas las instrucciones), Peter López también me ponía al tanto sobre en qué momento íbamos a entrar con el "urgente" y cómo se iba a desarrollar la cobertura, si es que lográbamos buenas imágenes y encontrábamos a alguien que nos contara más desde el lugar de los hechos.

"3... 2... 1... open mic and cue" (3... 2... 1... abriendo micrófono y adelante), ése era el pistoletazo de salida. "Que tal, señores, les habla Marián de la Fuente, queremos mostrarles imágenes en vivo que nos llegan de las embajadas de Estados Unidos en Nairobi, Kenia, y en Dar es Salam, Tanzania, donde hace tan sólo unos minutos se han registrado dos violentas explosiones que han dejado, como ven en sus pantallas, varias personas muertas y heridas y la mayor parte de la estructura de los edificios totalmente destruida. Las imágenes son desgarradoras, gritos, humo, personas que estaban en los alrededores y que resultaron ilesas ayudando a los heridos en plena calle, ambulancias, fuego, y cuerpos destrozados entre los escombros... La confusión se ha apoderado de la normalidad de estas dos apacibles zonas donde se encuentran las sedes diplomáticas. Por lo que sabemos, gran parte del personal, entre civiles y estadounidenses, estaría entre los muertos, que hasta el momento supera el centenar... Los heridos también se cuentan por docenas y los hospitales no dan abasto... El gobierno de Estados Unidos ya ha reprobado este cobarde atentado y ha asegurado que quienes están detrás pagaran sus consecuencias. El presidente Bill Clinton ya ha sido informado y estamos a la espera de que haga un alto en sus funciones y se dirija a los medios de comunicación en rueda de prensa...".

Continuamos mostrando las durísimas imágenes que nos llegaban, los testimonios de algunos estadounidenses que se salvaron de esa trampa mortal y poco a poco fuimos más conscientes de la magnitud de la tragedia. Más de 225 personas, en su mayoría civiles, habían perdido la vida, mientras que más de cinco mil, entre ellos muchos niños, resultaron gravemente heridos. En medio de la cobertura, uno de los momentos más sobrecogedores fue el descrito por Prudence Bushnell, la temblorosa embajadora estadounidense en Kenia, cuando relataba a los medios de comunicación el instante preciso en que detonó la bomba y en el que "miles de personas se vieron cara a cara con el mal". Prudence relató, entrecortada por la angustia, cómo logró huir de la muerte y cómo reaccionó al ataque en su misión diplomática. Según contó, ese viernes 7 de agosto estaba reunida con el ministro de comercio keniano en el piso 21 de un edificio a dos puertas de la embajada, cuando un ruido ensordecedor nubló de polvo y cenizas la habitación en la que se encontraba, haciendo temblar todo el edificio. Por unos instantes, perdió la noción de dónde estaba, cerró los ojos y se vio totalmente rodeada de escombros. Comprobó que se encontraba bien y miró por la ventana para percatarse de lo ocurrido. El edificio intermedio entre la embajada y en el que ella se encontraba, un edificio de cinco pisos, había quedado totalmente reducido a cenizas. Aparentemente, cuando se recuperó trató de bajar los 21 pisos hasta la calle para ayudar a los heridos y mientras llegaba a la embajada "había sangre por todas partes... un zapato aquí... otro allá...". Su testimonio no era muy diferente de los que más adelante pudimos obtener; la muerte tomó por sorpresa a un gran número de inocentes mientras realizaban su trabajo en los edificios diplomáticos. Horas mas tarde, el FBI y la CIA anunciaban que la mano negra del terrorismo islámico y el propio Osama Bin Laden estaban tras los cobardes atentados.

Ese mismo sábado, un día después, un grupo islámico se atribuía los ataques a través de comunicados enviados a un canal de televisión en el Golfo Pérsico, a Radio France International y a un periódico árabe con sede en Londres. En ellos, se reclamaba además la liberación del jeque Omar Abdel Arman, un clérigo ciego egipcio que cumplía una condena de cadena perpetua en Estados Unidos por conspirar para llevar a cabo atentados en Nueva York. Los 3 comunicados concluían asegurando que "el Ejército Islámico para la Liberación de los Lugares Sagrados anuncia su absoluta determinación de perseguir a las fuerzas estadounidenses y pronuncia su decisión de atacar los intereses estadounidenses en todos los lugares hasta que se cumpla su objetivo".

Y vaya si había determinación: a pesar de la represalia por parte de Estados Unidos y la decisión del entonces presidente Bill

Clinton de bombardear algunos lugares de Afganistán donde supuestamente se escondía Osama Bin Laden, protegido por el régimen talibán, el grupo islámico contó con el tiempo suficiente y la financiación necesaria para desarrollar y llevar a cabo su siguiente atentado: el ataque contra el portaviones estadounidense *USS Cole*.

En las redacciones de las cadenas de televisión, como en cualquier otro medio de comunicación, uno aprende que es mejor abstenerse de decir: "qué aburrido está el día" o "qué horror, hoy no hay noticias, no pasa nada". Realmente, créanme, parece que estas frases funcionan como maldición, porque seguro que, en menos de lo que canta un gallo, pasa algo que nos tiene a todos corriendo sin parar de un lado a otro. Precisamente eso fue lo que pasó ese 12 de octubre de 2000. Acababa de hablar con mis padres en España, porque ese día es el día de la Virgen del Pilar (en otros lugares, el día de la Hispanidad) y no se trabaja, y estaba contándoles, con honestidad, las ganas que tenía de irme a casa por lo aburrido que estaba el día... cuando una impresora "escupía" un cable de última hora relatando la explosión del portaviones. Hasta antes de dejar el relevo, no tuve demasiada información, excepto que aparentemente una especie de balsa de mediano tamaño con una fuerte carga explosiva había sido dirigida para chocar contra el barco estadounidense *USS Cole*, mientras éste repostaba combustible. Horas más tarde, y desde la comodidad de mi hogar, ya pude tener la información completa. Diecisiete soldados habían muerto y 38 habían resultado heridos mientras se encontraban en sus camarotes o en la cubierta del *USS Cole* en el momento de la explosión. De nuevo, el nombre de Osama Bin Laden salía a la luz de su más profunda oscuridad. Su mano negra y las amenazas de su grupo volvían a materializarse de forma cobarde y cruel. De nuevo el factor sorpresa. Lejos de Estados Unidos, en el puerto de Adén, en Yemen, donde nada hacía presagiar la tragedia.

Hasta ese momento, y a excepción del atentado de Nueva York en 1993, los blancos escogidos por el multimillonario saudí y sus seguidores siempre se habían producido lejos del gigante. Esto debido la dificultad de mantener operando dentro de las fronteras estadounidenses algún tentáculo de su red sin ser advertida por las agencias de inteligencia, "aparentemente" las más preparadas del mundo.

Sin embargo, y regresando a los meses posteriores al 11 de septiembre, la magnitud del atentado contra las Torres Gemelas, atacando el corazón financiero del gigante y el símbolo de su defensa en Washington, claramente sacaban a la luz pública dos factores importantes. Por un lado, la existencia y compleja organización de un grupo de terroristas excelentemente preparados y coordinados operando dentro de Estados Unidos, con una fuerte financiación y con objetivos extremadamente esenciales para la vida del gigante; y por otro, la ineficiencia y burocracia existentes en las principales agencias de inteligencia de este país, que como ya hemos visto en el apartado anterior no fueron capaces de detectar a tiempo, y después de múltiples y continuas amenazas, el brutal ataque del que todos fuimos víctimas, de una forma o de otra, ese 11 de septiembre de 2001.

¿Dónde se esconde el caudillo de la yihad? Afganistán, manzana de la discordia

A estas alturas, al recordar los meses inmediatamente posteriores a ese fatídico 11 de septiembre, mientras nos cuestionábamos cómo había podido suceder un atentado de semejante magnitud y el tiempo que tardaría en reaccionar el gigante o el lugar donde inevitablemente caería la fuerza de su puño, ya nadie dudaba de la devastadora efectividad del ejército secreto de Osama Bin Laden y su capacidad para ejecutar operaciones espectaculares. Sin embargo, al contrario de lo que él mismo esperaba, la propia fuerza del terrorismo, que consiste en el efecto sorpresa, encontró su debilidad cuando llegó el momento de recoger los frutos frente a su enemigo. A diferencia de lo que él podría haber pensado a la hora de atacar, el atentado a las Torres Gemelas le proporcionó a su enemigo George W. Bush el liderazgo y la popularidad que necesitaba para realizar la presidencia más cuestionada y gris en la historia de Estados Unidos. Lo que demuestra ese aspecto concreto es que Bush supo sacarle una importante "tajada política" al ataque de Bin Laden.

Pero más allá de eso, para demostrarle a su país y al mundo que se contaba con la determinación y el liderazgo necesarios para acabar con el terrorismo global y devolverle la seguridad a los ciudadanos estadounidenses, lo más importante recaía en que Bin Laden no pudiera escapar. Más allá del temor de a dónde les llevaría esa supuesta batida contra el terrorismo, lo que verdadera-

70

mente preocupaba a Washington, con justa razón, era poder detener o acabar con la vida de Osama Bin Laden antes de que siguiera su escalada de horror. Sin embargo e irónicamente, por su abierto enfrentamiento contra Estados Unidos, para muchas naciones del Islam, lamentablemente, Bin Laden se había convertido en un héroe al que había que proteger.

El presidente George W. Bush se encontraba ante un gran dilema, similar al que se encontrara en su momento su predecesor Bill Clinton tras los ataques a las embajadas estadounidenses en Kenia y Tanzania. La pregunta del millón para ambos era: ¿Hacía dónde apuntar los cañones?, ¿adónde dirigir la furia del puño del gigante? Además, había otra cuestión, ¿tendría la red terrorista de Bin Laden apoyo de alguna agencia de servicio secreto estatal? Si sí, ¿de cuál? ¿Quién estaría dándole cobijo y protección? Desencadenar represalias militares inmediatas se hacía por lo tanto muy difícil para el presidente estadounidense, ya que ningún Estado había dejado huellas en los atentados de Nueva York y Washington, y a excepción de Afganistán, cuna del movimiento talibán y lugar donde Bin Laden había pasado escondido sus últimos años, tampoco existía indicio alguno de que otro país estuviera brindándole protección.

Así pues, si Franklin D. Roosevelt no tuvo problemas en dirigir su respuesta al ataque aeronaval contra la base de Pearl Harbour, las cosas no eran tan fáciles para George W. Bush en esta primera guerra internacional del siglo XXI.

Sólo Afganistán aparecía, al menos en ese momento, como el lugar más certero para enfilar los cañones. Un país acostumbrado a vivir de guerra en guerra y señalado por haber albergado durante muchos años al principal enemigo de Estados Unidos. Un país cruce de las civilizaciones persa y china, que no recuerda largas épocas de paz en la era moderna: desde mediados del siglo XIX siempre fue un territorio disputado, ya fuera por el Imperio británico, la Rusia zarista o la extinta Unión Soviética, hasta que finalmente fuera dominado por el terrible régimen talibán.

Integrado por jóvenes estudiantes formados en las escuelas coránicas, el régimen talibán era famoso por su sistemática violación de los derechos humanos y especialmente por violar el derecho de las mujeres. Al tomar el poder del país en 1998, se formó un gobierno que fue solamente reconocido por Arabia Saudí, Pakistán y los Emiratos Árabes Unidos, y repudiado por el resto del mundo. Desde entonces, el régimen impuso sus propias leyes fundamentalistas, entre las que destacaba el cierre de los colegios, la obligación de los hombres a llevar barba, la imposición de rezar cinco veces en dirección a La Meca y el trato absolutamente inhumano y cruel hacia las mujeres, prohibiéndoles estudiar o trabajar y escondiéndolas detrás de un manto o burka.

De aquel tiempo en que tuvimos que hablar de Afganistán, como ahora, para ilustrar el lugar señalado como hogar de Bin Laden y mostrar al mundo los salvajes casos de brutalidad y los crueles asesinatos de muchas mujeres por el despreciable régimen talibán, recuerdo el caso relatado por nuestro corresponsal en Washington, Pablo Gato, y por uno de nuestros camarógrafos, convertido también en improvisado reportero, Julián Zamora, familiarmente conocido como J.J. Ambos habían sido enviados a Afganistán y para ninguno de los dos pudo pasar desapercibida esta violación sistemática y permisiva de los derechos más fundamentales de la mujer. Y digo permisiva porque, a pesar de la condena y repudio mundial, ningún país o régimen del mundo hizo absolutamente nada para acabar de raíz con este flagelo. La destrucción de los famosos budas de Bamiyan, monumentos religiosos considerados parte de la herencia cultural del mundo, por ser considerados contrarios al Islam, pareciera haber atraído más atención que ese mal que cotidianamente tenían que padecer miles de mujeres. La demolición a base de explosivos fue calificada por la Unesco como "crimen cultural contra la humanidad". Pero regresando al excelente trabajo periodístico de mis dos compañeros en esos momentos de gran tensión, cuando ser extranjeros podía costarles la vida, Pablo y Julián, desde Pakistán, nos sorprendieron con el relato del caso de una mujer afgana que, tras sufrir en carne propia las incontables torturas, ahora ayudaba a otras a salir de su infierno en Afganistán. En Pakistán se habían creado algunas organizaciones con apoyo internacional para paliar el sufrimiento de esas mujeres terriblemente abusadas. En estas organizaciones se impartían clases de alfabetización a mujeres y niñas y se proporcionaba atención médica a cuantas mujeres llegaban heridas o condenadas a muerte por los brutales castigos impuestos por los talibán. Fuimos testigos impasibles de casos absolutamente desgarradores, como el que nos contó Julián. Conmovido y de forma brillante, mi compañero nos habló de Jazia, nos mostró su rostro tímidamente escondido entre sus manos; convertida ya en una mujer de 18 años, nunca podrá olvidar el momento en que su padre decidió venderla a un hombre talibán de 60 años por una deuda de doscientos dólares. Ella contaba con tan sólo 12 años. Con tan corta edad, sin embargo, Jazia se enfrentó a la decisión más difícil de su vida: lo rechazó, se le enfrentó, y por esto fue torturada, violada, apuñalada y golpeada a latigazos casi hasta la muerte. Afortunadamente, logró escapar a Pakistán y desde entonces vive oculta para evitar que su propia familia la encuentre. Las huellas imborrables en su cuerpo y en su mente le hacen recordar a diario lo afortunada que es por seguir con vida. Una fortuna que raramente comparten otras miles de mujeres y niñas bajo el régimen talibán. Pequeñas como Nimra, que inocentemente aún juega con muñecas de trapo, sin saber el cruel destino que su padre tiene marcado para ella. A esta niñita, a quien Julián nos mostró con su vestido de rayitas, se le murió su madre cuando era tan sólo un bebe, quedando a merced de su padre. Ahora vive con su abuela y, mientras sonríe a la cámara, desconoce que su propio padre espera el mejor postor para venderla. En una sociedad donde las enseñanzas del Corán son tergiversadas a la conveniencia de los hombres para mantener su estructura patriarcal, el ser mujer y actuar como mujer es casi un pecado... y si no pregúntenle a Jazmín, cuya gran "falta", según el talibán, fue "atreverse" a dar clases en su casa a otras mujeres y niñas para enseñarlas a leer y escribir. Antes de que llegara este régimen a Afganistán, ella había estudiado magisterio en la universidad y había ejercido de maestra. Cuando fue descubierta dando sus clases "clandestinas", bombardearon su casa, asesinando a su madre en el ataque e hiriendo a otros miembros de la familia. Ahora, junto a su esposo, un ex empleado gubernamental que nunca ha comulgado con el régimen, vive en vilo en Pakistán, sobornando a las autoridades para no ser deportados y condenados a una muerte segura en su país. Las cárceles están llenas de mujeres desfiguradas que se han atrevido a querer casarse con el amor de su vida y no con el hombre impuesto por su familia. Según la ley Hadud, los propios padres las llevan ante la justicia para ser castigadas. En muchos casos, les queman la cara o les cortan la nariz para salvar el honor de la familia.

Cuando Pablo regresó a Washington y Julián a Miami, conversé con ellos sobre estas increíbles experiencias en Afganistán y Pakistán, y me impresionaron sus historias y las de las personas que como Jazia, Nimra o Jazmín se habían cruzado en su camino. Como recuerdo del viaje, me trajeron una pañoleta blanca y negra al estilo de las que usan los hombres allí sobre sus cabezas. Confieso que cuando la tuve entre mis manos, algo me hacía preguntarme qué clase de corona o aureola pensarían que era para sentirse con el poder y autoridad de cometer tantas aberraciones. Pero nada me impresionó tanto como el burka que trajo Julián. Era un burka negro, una especie de manto o velo que se ajusta a la cabeza, tapando absolutamente mi rostro y mi cuerpo y permitiéndome sólo asomarme al mundo exterior por unos pequeños orificios tejidos en la tela. Escondida bajo éste, me cuestionaba nuevamente qué clase de verdad estarían persiguiendo cuando condenaban a tantas mujeres a vivir y morir bajo el burka. Y me pregunto qué clase de verdad buscarían porque ése es el significado de la palabra talibán, en persa *telebeh*: el que busca la verdad.

Y según íbamos conociendo más detalles del régimen talibán, más nos cuestionábamos cómo era posible que ese terrible y desfasado régimen hubiera podido echar raíces en Afganistán en los albores del siglo XXI. Esta milicia formada por jóvenes de la etnia pastum y de religión suní, mayoritarias en Afganistán, había sido apoyada por el servicio secreto pakistaní para lanzarse a una guerra santa que pusiera fin al caos en el país tras la retirada de las tropas soviéticas. Su mensaje de paz y estabilidad para superar la división interna después de 15 años de guerra y sufrimiento había sabido calarse en la población. Un ambiente óptimo para que Osama Bin Laden pudiera regresar a Afganistán, lugar que un día fuera su hogar junto a sus cuatro esposas y quince hijos, cuando vivía sin electricidad ni agua corriente en una cueva del este, totalmente alejado de los lujos y comprometido a pelear la yihad o guerra santa bajo condiciones extremas. Hay que recordar que Bin Laden pocos días después de la invasión soviética se había marchado a Pakistán a apoyar a los muyahidines afganos, estableciendo un centro de reclutamiento que durante los años siguientes llevaría a miles de combatientes árabes de los Estados del Golfo a unirse a la resistencia afgana. Según señala Yossef Bodansky, máxima autoridad mundial en el tema del terrorismo en el Medio Oriente, en su libro *Bin Laden. El hombre que declaró la guerra a Estados Unidos*, el surgimiento del imperio terrorista del saudí en Afganistán fue posible gracias a dos acontecimientos: su reubicación en Afganistán y el establecimiento del régimen talibán en ese país. A su llegada a Afganistán, Bin Laden estableció su cuartel general en un campamento en la provincia de Nangarhar, disponiendo de centros de entrenamiento, guaridas, unidades de coordinación logística y centros de mando y de comunicación con sus combatientes en otros Estados árabes, los cuales eran usados como base de apoyo para otras yihad o guerras santas que se libraban en el mundo.

A finales de 1996, el régimen Talibán no sólo permitió a Bin Laden estar en sus campamentos de Jalalabad, sino que además extendió su protección a estos centros y al tránsito entre ellos y Pakistán. Desde allí, Bin Laden y su séquito también se hicieron cargo, en Teherán, la capital iraní, de afianzar la unidad de las organizaciones terroristas egipcias. Gracias a su elevada posición en la Hezbolá internacional, controlada por Teherán, aseguró la preservación del apoyo iraní a su infraestructura y a las fuerzas terroristas en Afganistán, convirtiéndose en un líder muyahidín sin paralelo en ese país, cuyas hazañas traspasaban las fronteras y le hacían acreedor de la simpatía de muchos de los regímenes fundamentalistas del Medio Oriente. Orador carismático y de notables discursos, tanto en lo oral como en lo escrito, la popularidad de Bin Laden había aumentado por el alto precio que había pagado al dejar sus riquezas personales y hasta su exilio por lo que consideraba una política musulmana justa. Además, su profundo odio hacia Estados Unidos, compartido por muchos de esos regímenes, le coronaban como líder de la cruzada contra un país del que, según Abdul Bari Atwan, editor de *Al-Quds-al-Arabi* y a quien se le vincula con Bin Laden, "su insistencia en imponer a sus títeres en el mundo musulmán para apresurar la explotación del petróleo y otras riquezas y sus relaciones proteccionistas con Israel, convertían en blancos potenciales a sus embajadas e intereses en el mundo".

Sólo por citar un ejemplo de la protección que estos países daban a Bin Laden, cuando el presidente Bill Clinton, siguiendo informes de inteligencia que aseguraban que el millonario saudí estaría en una cumbre terrorista en la región afgana de Khowst, decidió bombardear con misiles crucero el área, el régimen Talibán ya había trasladado a Bin Laden, dos o tres días antes, a quinientos kilómetros al norte del país, a un lugar seguro tras recibir "señales" de las fuentes paquistaníes. Teherán fue la primera en proporcionar públicamente una pista sobre su seguridad, seguida de una reacción formal del régimen Talibán, en la que aseguraban que el mundo islámico nunca abandonaría al saudí.

Así pues, y regresando a la actualidad, no es difícil imaginar que tras los atentados del 11 de septiembre de 2001 y ante la guerra contra el terrorismo impulsada por el presidente George W. Bush, cualquiera de esos países, Afganistán, Sudán o Irán, sólo por citar algunos, puedan ser los "santuarios", previamente elegidos por Bin Laden, destinados a dar protección y albergue al enemigo número uno de Estados Unidos.

Osama Bin Laden:
¿producto de los servicios estadounidenses?

En los meses posteriores a los ataques, cada día nos sorprendía algo nuevo. La vulnerabilidad del gigante había quedado al descubierto tras resultar herido en el corazón de sus finanzas y en el cerebro de su defensa. Lentamente, el gigante trataba de erguirse para mostrar al mundo su voluntad de acero, a pesar de ya haber percibido toneladas de barro a sus pies. Un barro espeso y oscuro que hacía más difícil borrar las huellas del gigante... y que nos permitiría, a pesar del tiempo transcurrido, poder rastrearle los pasos.

Y esos pasos nos llevaron al momento concreto en que el gigante equivocó su camino y en que lo andado no le permitiría dar marcha atrás. Según algunos analistas internacionales, el actual presidente George W. Bush estaría en cierto sentido pagando los pasos erróneos dados por su padre. Quince años atrás, en 1989, Bush padre podría haber estado celebrando con champaña la retirada soviética de Afganistán y el triunfo de los muyahidines que él mismo, como director de la CIA, había ayudado a entrenar y financiar. Doce años más tarde, como el hijo que se vuelve contra el padre, estos mismos combatientes eran acusados de perpetrar el ataque terrorista más violento y sanguinario en la historia de Estados Unidos. Como son calificados por los propios agentes de la CIA, estos combatientes son *blowbacks*, algo así como bombas que te estallan en las manos o agentes que se vuelven contra el cerebro de la operación. Y Osama Bin Laden fue, aparentemente, el *blowback* más sonado y más costoso en los 44 años de existencia de la organización.

Como dijera Richard Labéviere en el *Tribune* de Génova: "Bin Laden es el mejor ejemplo de lo que es un producto de los servicios americanos. Fue la CIA la que le enseñó audacia en los años en que el saudí y los estadounidenses eran aliados en la guerra contra la ocupación soviética de Afganistán... fue también la CIA la que le instruyó en los trucos de la guerra clandestina, en cómo mover dinero a través de sociedades fantasmas o paraísos fiscales... y también fue la CIA, lamentablemente, el que le enseñó a preparar explosivos, a utilizar códigos cifrados para comunicarse con sus agentes y sortear la detección... y a salir ileso de ataques que en situaciones comunes podrían costarle la vida". Es decir, estarán de acuerdo conmigo en que, según lo expuesto, la CIA parecería ser la madre de esta especie de Frankenstein que más tarde intentaría atentar contra ella.

Reconozco que el tema me atrajo demasiado. Por lo que en el momento en que tuve conocimiento de esta especie de nexos familiares quise ahondar un poquito más en el tema.

Regresaba a casa de una de mis maratónicas jornadas de trabajo en Telemundo cuando, al llegar, me encontré con la grata sorpresa de una visita inesperada. Mi esposo, Mauricio, había salido a pasear a Gómez, nuestro Yorkshire, cuando al regresar se encontró en la puerta con Denis e Ysela, dos amigos que viven frente a la casa. Juntos habían acordado tomar algo y tal vez, si yo no llegaba muy tarde, ir al cine. Sin embargo, el día se había alargado más de la cuenta en el trabajo y cuando llegué, aburridos de esperar, ya estaban en la casa. Como es habitual en cualquier profesión, cuando uno llega al "hogar, dulce hogar" la prioridad es desconectarse del trabajo, algo muy diferente es lo que nos pasa a los periodistas, que nunca podemos desconectarnos del todo... porque ese trabajo es la propia actualidad. Por eso, mientras "picábamos" algo, Ysela no dejó de preguntarme sobre Bin Laden, de dónde había salido, en dónde estaba y, lo más importante, si representaba una amenaza real para el futuro. Estuvimos conversando sobre el tema mientras degustábamos unos quesitos y unos vinos y mientras hablábamos me di cuenta de la enorme expectación que creaba un personaje como el saudí. Después de darles los últimos detalles, Mauricio me sorprendió con algo que había leído en Internet. Se trataba de varios artículos en los que se vinculaba a Osama Bin Laden con la familia Bush desde mucho antes de la invasión soviética a Afganistán, y de los que se hablaba en algunos círculos y en algunos países de Europa, pero no se comentaron nunca en ningún medio de este país.

Según estos artículos, titulados precisamente "Lazos de familia", escritos por Frei Betto, George Bush padre había conocido a mediados de los años sesenta a un contratista árabe que viajaba con frecuencia a Texas: Mohammed Bin Laden, y que murió años más tarde, en 1968, en un accidente de avioneta sobrevolando los pozos de petróleo de Bush. Tiempo después, Bush padre, preocupado por el futuro de su hijo, que no perfilaba como un estudiante notable, decide incentivar al actual presidente a fundar a mediados de los años setenta su propia empresa petrolera, la Bush Energy. Gracias a los contactos internacionales que mantenía desde los tiempos de la CIA, George W. Bush buscó como inversionistas a Khaled Bin Mafouz y Salem Bin Laden. Mafouz era el banquero de la familia real saudí y estaba casado con una de las hermanas de Salem. Este último era hermano de Osama Bin Laden y el mayor de los 52 hijos que había dejado Mohammed. Como también indica el analista italiano Francesco Piccioni, la recién creada empresa pierde un concordato y renace bajo el nombre de Bush Exploration y, más tarde, como Spectrum 7. Esos cambios impidieron que la empresa se fuese a la bancarrota, pero ante esa situación de inestabilidad Salem, fiel a los "lazos de familia", corre en auxilio del amigo comprando 600 mil dólares en acciones y obteniendo el control de Spectrum 7.

Hasta ahí, y siempre según el artículo de Frei Betto, a pesar de que ya se habían dado los lazos, Osama Bin Laden no había entrado todavía en escena. No fue hasta algunos años después, en 1979, en plena invasión soviética a Afganistán, que George Bush padre le pide al tutor de Bin Laden que éste se traslade a Afganistán para administrar los recursos financieros destinados a las operaciones secretas de la CIA contra la invasión de los rusos a este país. Según parece, muy preocupado con la ofensiva de Moscú, el gobierno estadounidense habría entregado entonces a la CIA la impresionante cantidad de 2 mil millones de dólares, la mayor cantidad en toda su historia hasta ese momento.

Fue así como Bin Laden se amamantó de los pechos de la CIA, convirtiéndose según la escritora hindú Arundhati Roy en "el secreto familiar de América", prestándose sus armas, sus bombas y su dinero, y compartiendo incluso la misma retórica al referirse el uno al otro como la cabeza de la serpiente. Irónicamente, de la agencia de inteligencia aprendió muchas de las sofisticadas técnicas terroristas que ahora está combinando con el fanatismo musulmán suicida en su guerra santa contra Estados Unidos. Las agencias se enfrentaban ahora a un doble reto, proporcionar al presidente George W. Bush blancos certeros para sus represalias y evitar nuevos ataques anti-estadounidenses.

3

JAQUE AL TERRORISMO: LA REPRESALIA

Colin Powell: "La nueva guerra no se ganará sólo con armas y tanques"

Estados Unidos se enfrenta a un enemigo en la sombra, a un ejército fantasma capaz de sortear todos los sistemas de detección y, aparentemente, más presente dentro de sus propias fronteras de lo que jamás hubieran podido imaginar. El gigante necesitaba dar rienda suelta a su furia y dirigir su golpe al objetivo de una forma rápida, limpia, eficaz y, sobre todo, ejemplar.

Tras haber sufrido el mayor ataque en su suelo continental, Estados Unidos se veía obligado a responder para ratificar su condición de superpotencia, sobre todo ante gobiernos que, quizá después del estupor provocado por los atentados, no verían de mal agrado su debilitamiento. En el mes posterior a los brutales ataques, fuimos testigos, acaso por primera vez en la historia de Estados Unidos, de que este país trataba de formar una coalición internacional para responder a un atentado sufrido dentro de sus propias fronteras, con aseveraciones tan duras como "el que no esté con nosotros, está contra nosotros", como dijera el presidente George W. Bush. Cualquiera que fuera la respuesta del gigante, los brutales ataques del 11 de septiembre habían sacudido los cimientos sobre los que descansaba el sistema de seguridad internacional, imposibilitado para poner en marcha los mecanismos necesarios para responder a este nuevo tipo de amenaza. Y esto se dejaba sentir cuando de lugares como Argentina, España, Venezuela, Chile o México, se recibían llamadas a la redacción para saber si alguno de los presentadores que trabajábamos allí podíamos participar en alguna de las tertulias que muchos medios de comunicación, sobre todo radiales, dedicaban a este tema. Recuerdo que tuve la oportunidad de participar en algunas de las tertulias del programa radial de Bernardo Neusdat, en Argentina, comentando precisamente este aspecto: conocida la soberbia del gigante, adónde nos llevaría el alcance de su furia. De repente, no nos servía de nada pensar en la tranquilidad que antes ofrecía la paridad nuclear o el compromiso existente entre Estados Unidos y Rusia si teníamos que enfrentarnos a ese enemigo fantasma que convertía a los aviones comerciales en misiles.

Y ése era el sentimiento general en Estados Unidos, la sensación de inseguridad que se vivía en los días y meses posteriores a los ataques y que aún perdura en el presente. Una inquietud compartida en el exterior y de la que mi familia y amigos no podían quedar exentos. Por primera vez en los ocho años que llevaba por aquel entonces viviendo y trabajando para una cadena de televisión americana, la palabra "regreso" sonaba más a menudo de lo que me hubiese gustado escuchar. En mi España natal, todos sabían que la oportunidad que se me había ofrecido cuando me propusieron venir a Miami a presentar noticias era un escalón más alto en mi carrera, una oportunidad para trabajar en un mercado hasta ese momento "cerrado" para los españoles y una barrera que a base de esfuerzo y sacrificios había logrado saltar, convirtiéndome durante casi una década en la única periodista española en presentar noticias de manera cotidiana en la televisión estadounidense y latinoamericana. Todos, hasta ahí, estaban de acuerdo con mi estancia en Estados Unidos y con mis progresos profesionales, pero cuando se trata de personas que te quieren, por encima de mi carrera, mis padres y mis amigos deseaban saber si de verdad estaba segura en un país amenazado por un ejército fantasma, donde cualquier ciudad o lugar podía convertirse en blanco... en un país convertido en verdugo de un castigo ejemplar que se anunciaba con tambores de guerra.

"El pueblo estadounidense comprende claramente que se trata de una guerra y nosotros debemos responder como una guerra." No podía ser más claro. Colin Powell, el secretario de Estado estadounidense, definía con estas palabras las intenciones del gigante. Una guerra en la que el uso de la fuerza militar en forma aplastante asegurase la victoria con un número mínimo de bajas y en la que "se espera que sea un conflicto largo que no se ganará sólo con armas y tanques". El jefe de la diplomacia estadounidense aseguraba además que "los ataques han constituido una guerra contra la civilización y todos los países que creen en la democracia"... y que, por tanto, "no debe quedar ninguna duda de que se va a responder al ataque terrorista".

Después de escuchar a Colin Powell, quedaban pocas dudas de que estábamos ante la inminencia del golpe del gigante. Todos, incluido el secretario de defensa Donald Rumsfeld, militarista por oficio y profesión, reconocen que la guerra contra la nueva amenaza mundial del terrorismo no puede ser ganada únicamente con represalias militares. Si uno se pone a analizarlo, en ese momento era difícil pensar en una victoria militar clásica: uno de los contendientes no tiene bases fijas, usa la total extensión del planeta como campo de batalla y dispone de fondos y recursos casi inagotables para el reclutamiento de adeptos. Definitivamente, para combatir una red global de terrorismo no se podían usar armas convencionales.

Estados Unidos, según el propio Rumsfeld, se preparaba para librar una guerra peculiar, una guerra que "llevará años, no meses o días", y que perseguiría a un enemigo contra el que no sirven la armada ni las fuerzas del aire. Una lucha en la que, además, se debería de contar con la ayuda o colaboración de otros servicios de espionaje, algunos ya habituales, como el Mosad israelí, u otros más reacios y difíciles, como el servicio secreto de Pakistán, que en esta ocasión parecía muy dispuesto a compartir la información privilegiada que tenía sobre Osama Bin Laden y el gobierno de Afganistán, a quienes ya hemos tenido la oportunidad de conocer en profundidad: los Talibán. En efecto, el gobierno paquistaní había comprometido por primera vez su apoyo a Washington, pero una buena parte de la población, de una abrumadora mayoría musulmana, comenzaba a manifestar su hostilidad e inconformidad hacia una ofensiva estadounidense contra su vecino Afganistán. Lo que más temían los analistas cuando se les preguntaba sobre la posición de Pakistán era precisamente una revuelta social en una de las potencias nucleares propensas al desorden político y que podía poner, fácilmente, en peligro la estabilidad de la región. Sin embargo, aparentemente, en los oídos del presidente paquistaní resonaban con más fuerzas las amenazas de Bush, "quien no esté con nosotros, está contra nosotros", que las propias advertencias de algunos de sus más importantes asesores.

Como imaginarán, esa amenaza no sólo fue escuchada en Pakistán, otros países musulmanes, como Irán o Irak, por poner sólo un ejemplo, comenzaban a reaccionar a las palabras del gigante. Irán, por lo pronto, no tardó en anunciar su decisión de cerrar su frontera con Afganistán, en el caso de que un ataque contra su vecino provocara una huida masiva hacía su territorio. Inmediatamente trasladó soldados y policías y se dedicó a mirar con lupa todo lo que pudiera ocurrir. Y si hacemos un poquito de memoria y analizamos la postura de Irán, no debe sorprendernos que esta situación sea bastante confusa para este país fundamentalista. Para empezar, las relaciones entre Irán y Washington habían estado suspendidas desde poco después de la Revolución Islámica de 1979; además, algunos opinan que Washington debería incluirlos en la coalición antiterrorista, mientras que otros opinan totalmente lo contrario: que Irán sea uno de los blancos de dicha coalición. Como ven, no se puede decir que entre ambos países haya exactamente una buena relación, pero con sus vecinos, con Afganistán, tampoco se puede decir que Irán mantenga relaciones cordiales. Por esos momentos, tres años atrás, estos dos países musulmanes estuvieron a punto de enfrascarse en una guerra que sólo fue evitada, entre otras cosas, por las diferencias de opinión y las propias divisiones del régimen iraní. En fin, la postura era bastante comprometida. La pregunta del millón era si esta vez Irán podría mantener cierta neutralidad, como ya lo había hecho en la Guerra del Golfo Pérsico en 1991, cuando Estados Unidos atacó Irak. Nuevamente la cosa se complicaba si se tenía en cuenta que Estados Unidos ya había dejado en claro que no podía existir término medio: se está a favor de esta nueva guerra contra el terrorismo o en contra. Ayudar a Washington significaría mejorar sus relaciones con el gigante; de lo contrario, deberían esperar su castigo si no lo hacían. A pesar de lo que pudiera decidir el presidente Khatami, la decisión iba a requerir de la aprobación del líder supremo, el Ayatola Ali Khamenei. Aunque éste hasta ese instante no había dicho una sola palabra, lo cierto era que de sus discursos se podía colegir que, en lo personal, Estados Unidos siempre había representado el mayor enemigo de Irán, por su afán de dominación y por intentar imponer su cultura en el mundo musulmán. Así pues, la decisión de ponerse del lado de Estados Unidos contra Afganistán, después de tanto debate y confusión, por encima de premios o castigos, se limitó a cerrar las fronteras y a tratar de pasar lo más desapercibido posible. ¿Se logró? Hasta ese momento sí, pero más adelante veremos cómo se pone en práctica la famosa frase de "perdono, pero no olvido".

Respecto de Irak, sin embargo, la respuesta fue una total sorpresa. Este país, enemigo en el pasado de Estados Unidos y bajo uno de los embargos más largos y dolorosos de la historia moderna, nada más al conocer los ataques terroristas fue de los primeros en condenar los brutales sucesos. Si lo hicieron con sincero sentimiento o sólo para salir del trance, nadie sabe, lo cierto es que, a pesar de su acción del momento, nada ni nadie podría librarles de encarar un nuevo encuentro bélico con el gigante.

Y mientras así se preparaban los vecinos de Afganistán, nosotros en la redacción apostábamos sobre cuál sería el día en que el gigante desataría su furia. Todos esperábamos algún movimiento de fichas que nos permitiera adelantarnos al momento. Lo que se mantenía en el más estricto secreto. Por supuesto, demás está decirlo, la premisa en el canal para la gente de noticias era ser los primeros, por lo que teníamos que seguir paso a paso y minuciosamente los acontecimientos que nos llevaran al objetivo. Más o menos a las dos semanas de los ataques del 11 de septiembre fuimos testigos de la primera señal de Estados Unidos en el inicio de los preparativos para castigar los atentados. Washington activaba la operación Justicia Infinita, con el envío de más de 100 aviones a la región del Golfo Pérsico. Cazas F-15, F-16, superbombarderos B-1, AWACS y U-2, además de otros aparatos de apoyo, iban también precedidos de equipos de control aéreos y de las fuerzas aéreas de Estados Unidos para coordinar las tareas de abastecimiento de combustible.

Poco después, el secretario de defensa Donald Rumsfeld aseguraba que Estados Unidos disponía ya de "pruebas de que un buen número de países están refugiando a terroristas" y de que "Estados Unidos usaría todo el espectro de sus capacidades para acabar no sólo con Osama Bin Laden, sino también con su organización".

Como se puede apreciar, la guerra sicológica es también un arma de estrategia antes de poner en marcha la maquinaria de guerra. Muchos de los países que albergan terroristas o que los financian ya han comenzado a preocuparse y a reaccionar ante la amenaza. El llamado a luchar contra el terrorismo a nivel global fue la clave para unir a los aliados. Lamentablemente, aún en la actualidad son demasiados los países que sufren en carne propia la enfermedad mortal del terror al interior de sus sociedades, desangrando ilusiones y convirtiéndose en males difíciles de erradicar. Por eso, una especie de batida (para no usar la palabra cruzada, que tan cuestionada ha sido en estos días por sus connotaciones religiosas) a nivel mundial contra el llamado "eje del mal" hizo a muchos pensar que en la unidad radicaría la fuerza. Además, la ofensiva se desarrollaría en todos sus frentes, incluyendo el económico, por lo que se podía adivinar que las tan escondidas redes de financiamiento de las actividades terroristas también podrían llegar a ser erradicadas. Lo que no se adelantaba era el precio que se tendría que pagar.

El ataque a Afganistán:
"El Talibán pagará el precio"

¿Creen ustedes en las corazonadas? Si es así, entonces entenderán lo que me ocurrió el fin de semana del 7 de octubre de 2001. Como en cualquier otro, el objetivo principal era descansar y disfrutar de la compañía de mis amigos. El sábado por la mañana había hablado con mis padres para tratar de convencerlos de que vinieran a pasar la Navidad conmigo, con la idea de que llegaran en las últimas semanas de noviembre y pasáramos Thanksgiving, o Día de acción de gracias, juntos y que, además de estar aquí para las fiestas, estiraran su estancia hasta después del 27 de enero, fecha del cumpleaños de mi madre. En esa conversación, entre las mil cosas que hablamos, recuerdo que mi padre me comentó la tensión que había en España ante el inminente ataque estadounidense a Afganistán. Aparentemente, todos los medios de comunicación españoles dejaban entrever la posibilidad del ataque, realizando conexiones frecuentes con la amplia red de corresponsales destacados en Afganistán y Pakistán. Algo que confirmaba aún más mis sospechas de que ese mismo fin de semana podría ser el señalado por el Pentágono para dar comienzo a la operación Justicia Infinita. Durante el resto del día estuve, como era de esperar, reunida con mis amigos y al llegar la noche recuerdo que quise ver un rato el canal internacional de televisión española, que por la diferencia en los horarios tenía la más completa información de mano de los corresponsales desplazados en el área. Antes de irme a dormir, dejé un mensaje a una persona que por obvias razones no puedo mencionar y que trabaja directamente con el Pentágono para que me indicara si esas sospechas eran o no infundadas. Esta persona me había sido de incalculable valor en situaciones anteriores y era, como solemos decir los periodistas en nuestro argot, una de mis mejores fuentes.

A eso de las 7 de la mañana, me despertó una llamada telefónica para decirme que algo "gordo" estaba pasando en Washington y que lo que esperábamos estaba previsto que comenzara en las próximas horas. Antes de proseguir y avisar a todos, traté de confirmar con un corresponsal español que en esos momentos se encontraba en la frontera de Pakistán y Afganistán, procedente de Kabul. Él no sabía nada, pero me dio el segundo detalle que necesitaba: CNN, uno de los principales canales de noticias estadounidenses al lado de NBC, había reservado ese día todos los espacios para enlazar sus satélites. Una simple casualidad o un "chivatazo" similar o mejor que el mío. De cualquier forma, decidí arriesgarme y conectar la cadena de llamadas para contar lo que me había sido confirmado y prepararnos ante la eventualidad de ese ataque. El primero al que avisé fue a Peter López, uno de nuestros jefes del canal internacional y una de las personas que por su polivalencia siempre está asignada a cualquier situación o cobertura especial. Peter, por encima de todo, es uno de mis más antiguos compañeros y uno de esos amigos verdaderos con el que he compartido, además de nuestro crecimiento personal a través de los años, nuestro crecimiento en la empresa. Recuerdo que en cuanto le llamé y le comenté lo que me habían confirmado, inmediatamente me dijo que me mantuviera en contacto en casa, mientras él trataba de confirmar por otro lado. De inmediato, Peter llamó a nuestro vicepresidente de noticias, Joe Peyronnin, quien, al igual que todos los fines de semana, se encontraba en Nueva York, para que usara sus importantísimos contactos a todo nivel y tratara de conseguir más información sobre lo que sabíamos. Debo admitir que la espera se me hizo eterna, hasta que por fin volvió a sonar el teléfono en casa. "Marián, parece que Joe ya sabía que algo estaba pasando y esto confirma que, efectivamente, el ataque podría producirse en breve. Vente en cuanto puedas a la redacción y vamos a estar en *stand by*, preparados para cuando ocurra." Con estas palabras, Peter cerraba la comunicación. Por mi cuenta, me alisté de inmediato para irme al estudio. Minutos antes de salir, sin embargo, me tomé el tiempo de avisar a mis compañeros de Antena 3 para que fueran ellos los primeros en dar la noticia en España. Durante años, Antena 3 TV fue mi casa, de su mano tuve la oportunidad de venirme a trabajar a Estados Unidos y siempre ha existido en mi corazón esa especie de unión con la que fuera la plataforma principal de mi carrera. Una unión que siempre ha estado presente, a través de los años y gracias a mi relación, a pesar de la distancia, con muchos de mis compañeros. Recuerdo que cuando llamé me atendió Olga, una de las productoras del buró de asignaciones y una de esas compañeras a la que hacía referencia. En breves palabras le conté que el ataque se produciría en las próximas horas y de inmediato ella me comunicó con otro compañero de Internacional, Javier Sáez, uno de mis mejores amigos, para que le pusiera también al tanto. Después de avisarlos, cogí la chaqueta, salí de casa y me dirigí a Telemundo. Cuando el guardia de seguridad me abría la puerta de entrada, Pedro Sevsec también llegaba al edificio. La productora del noticiero nacional, Berta Castaner, le había avisado. En esos precisos instantes, mientras me dirigía a la redacción, conversando con Pedro, comenzaron los primeros bombazos. Tuvimos que sentarnos sin maquillar, pero una vez más fuimos los primeros. Eran las 11:45 a.m., hora del este, cuando Estados Unidos daba inicio a los primeros ataques contra objetivos del Talibán en Afganistán, repetidos bombardeos con misiles crucero en Kabul, la capital, y en Kandahar. De acuerdo a las primeras imágenes, la ciudad de Kabul había quedado completamente a oscuras, mientras se veían a las baterías anti-aéreas del Talibán abrir fuego hacia el cielo cerrado. Una columna de humo negro e intensas llamaradas surgen del aeropuerto de la capital afgana, el cual resulta semidestruido al ser impactado por cuatro explosiones. Un cable urgente destaca que sólo unos minutos antes, buques y submarinos estadounidenses emplazados en el Golfo Pérsico habían lanzado la primera ráfaga de misiles crucero Tomahawk. Más tarde nos enteraríamos de que 50 de estos cohetes logran su objetivo al impactar en Afganistán.

Las noticias se producían con segundos de diferencia, al tiempo que cada vez llegaban más compañeros a la redacción para colaborar en la cobertura. En otro de esos cables se confirmaba que nuevos blancos habían impactado la ciudad de Kandahar, residencia oficial del jefe del Talibán, el mulá Mohammed Omar. Las escenas comenzaban a desbordar muerte y destrucción. Nada más al concluir la ofensiva, el entonces portavoz de la Casa Blanca, Ari Fleisher, en una escueta intervención ante la prensa, anunciaba que Estados Unidos "está dando inicio a otro frente más en esta guerra contra el terrorismo". Media hora después, aproximadamente, el presidente George W. Bush confirmaba el inicio de los ataques. Pedro hizo la traducción de las palabras del presidente Bush, mientras yo recopilaba y ordenaba el aluvión de información que el resto de nuestros compañeros nos iban trayendo al *set*. En un mensaje dirigido a la nación, el presidente Bush aseguraba que "El Talibán pagará ahora el precio" y confirmaba que la decisión de lanzar el ataque se tomó después de que el régimen Talibán, que como se sabe controla la mayor parte de Afganistán, desoyera las demandas de Washington de no seguir dando cobijo al árabe saudí Osama Bin Laden y de desmantelar los campos de entrenamiento para terroristas en suelo afgano. Sin embargo, a pesar de iniciar las operaciones militares contra Bin Laden y su red terrorista Al Qaeda, el presidente estadounidense también se comprometía a ayudar a la población civil afgana, asegurando que "así como atacaremos objetivos militares, también enviaremos alimentos y medicinas para los hombre, mujeres y niños que sufren y pasan hambre en Afganistán".

Al concluir el mensaje a la nación del presidente George W. Bush, Pedro y yo comentamos con nuestros televidentes la decisión de Washington de hacer de esta contienda contra el terrorismo una guerra amplia y duradera. Mientras tanto, seguían llegándonos imágenes de algunas ciudades destruidas por las bombas en un país ya de por sí semidestruido por los constantes enfrentamientos bélicos. La amenaza había dejado de serlo para convertirse en acción, y las reacciones por parte del Talibán no podían hacerse esperar. Así fue cómo, desde Islamabad, en Pakistán, el régimen Talibán a través de un portavoz admitía haber sufrido pérdidas en los ataque conjuntos estadounidenses y británicos, aunque destacaba que tanto el líder espiritual del régimen, el mulá Mohammed Omar, como el millonario saudí Osama Bin Laden habían sobrevivido a los mismos. Según esas fuentes, los principales daños del ataque se registraron en los cuarteles generales del movimiento, en la ciudad de Kandahar, cuyo aeropuerto, como ya les había contado, resultó seriamente destruido, y en la ciudad de Jalalabad. Pero si ya era importante la confirmación del Talibán de que los principales perseguidos habían salido ilesos del ataque, más impactantes todavía resultaban sus declaraciones cuando, con una firmeza impasible, aseveraba que "todo el mundo musulmán estaría preparado para la guerra santa". Lo que podría interpretarse como una llamada a la yihad o guerra santa, en la que para muchos musulmanes morir defendiendo sus ideales les conduce directamente al cielo. El régimen Talibán hacía de esta forma su llamamiento a la unidad del mundo árabe contra al que consideraban su enemigo. El embajador del movimiento en Pakistán, Abdul Salem, declaraba que "los brutales ataques en Afganistán son tan horribles y terroristas como cualquier otro en el mundo" y amenazaba con las implicaciones que el desafío traería para los estadounidenses, señalando que la operación militar de Estados Unidos "serviría para unir a toda la nación frente a los agresores".

Y mientras Estados Unidos y el Talibán intercambiaban afirmaciones y amenazas, en nuestra redacción Peter, que era el encargado de dirigir la cobertura especial, nos informaba de que en otro monitor tenían ya en limpio un *feed*, o satélite, desde Londres, en el cual, a juzgar por las imágenes, todo estaba listo para que el primer ministro británico Tony Blair, aliado de Estados Unidos en este ataque, hablara también a la prensa. En un frío domingo londinense, en la puerta del número 10 de Down Street, residencia oficial del ministro Blair, se agolpaban los diferentes medios de comunicación a la espera de las declaraciones. Por fin apareció en nuestras pantallas, con una amplia sonrisa que dejaba perfilar lo que para él había sido una victoria. En un mensaje similar al del presidente estadounidense, y citando sus palabras, indicó que "al Talibán se le había dado la oportunidad de alinearse con la justicia y la había rechazado", y que el plan militar en marcha estaba diseñado para evitar el máximo de bajas civiles, gracias al apoyo de Francia, Canadá, Alemania y Australia. Países que, como el Reino Unido, sentían el ataque del 11 de septiembre como un ataque a sus propios territorios y a sus propios ciudadanos.

Aparentemente, y según otro cable que nos habían acercado a la mesa, en este afán por mantener a todo el mundo dentro del mismo bote y minutos antes de proceder al ataque, el presidente estadounidense se había comunicado telefónicamente con su homólogo ruso, el presidente Vladimir Putin. La aprobación de Rusia era esencial en esta batida contra el terrorismo global y, para evitar malos entendidos, lo mejor era avisar antes de tomar acción alguna que pudiera enfriar las por entonces cordiales relaciones entre las dos superpotencias.

Así, mientras todo esto se desentrañaba en el ámbito político, muchas voces comenzaban a alzarse en pro de los más desfavorecidos: las víctimas inocentes de la guerra, mujeres y niños llorando ante los cadáveres de sus seres queridos, o ante sus precarias viviendas totalmente destruidas por el efecto de las bombas. Era como si los ojos de esos pequeños, negros, profundos, pudieran traspasar las pantallas y nos participaran de su dolor, de su incomprensión, por haber sido objetos de un castigo por el solo hecho de ser hijos de unos individuos enajenados por sus principios obsoletos y crueles. La operación prometía los menores daños posibles para conseguir de una vez por todas la erradicación del régimen Talibán en Afganistán, pero cómo explicarle a esos niñitos abatidos por la tristeza. En cualquier guerra siempre hay alguien que sufre, hasta los vencedores, y aunque en este caso los medios aplicados justificaban de sobra el fin, el sacar al régimen fundamentalista, ninguno de nosotros podíamos quedar exentos de ver con dolor esas imágenes a través de los televisores.

En los días sucesivos a ese 7 de octubre, día en que comenzaron los ataques contra Afganistán, estuvimos realmente ocupados, contándoles a nuestros televidentes las repercusiones de esta guerra contra el terrorismo, que se iniciaba contra los campos de entrenamiento de los terroristas en Afganistán, contra Osama Bin Laden y contra los máximos dirigentes del Talibán. Tan sólo un día después, el ex gobernador de Pensilvania, Tom Ridge, asume el cargo como director de Seguridad Interna de Estados Unidos, un nuevo cargo con rango de ministro de gabinete para coordinar las tareas de defensa y respuesta al terrorismo. Según sus primeras palabras, al tomar posesión en su nuevo cargo, Ridge aseguraba: "Estoy honrado de unirme al equipo extraordinario que el presidente ha armado para encabezar Estados Unidos. El tamaño y la magnitud de este desafío es inmenso [...] una misión extraordinaria. Pero la llevaremos a cabo". Y, en efecto, el presidente había comenzado ya a perfilar lo que sería un equipo de personas que comenzaría a implementar cambios para mejorar la seguridad interna de Estados Unidos. De hecho, cuando traduje las palabras del presidente George W. Bush en esa oportunidad, una de las cosas que más me llamó la atención fue, precisamente, la necesidad urgente de reforzar las medidas existentes en materia de seguridad interna y de cambiar las que no habían podido impedir o prevenir un ataque de esas características. Bush dijo que las tareas de Ridge serían: tomar las mayores precauciones contra el terrorismo; fortalecer y ayudar a proteger los sistemas de transporte, la infraestructura hidroeléctrica y la alimentaria; coordinar la ayuda federal con la de organismos estatales y locales y trabajar con el recientemente creado Consejo de Seguridad Interna, presidido por Bush y compuesto por su gabinete y otros altos funcionarios. En fin, una tarea no muy sencilla si tenemos en cuenta que eso implicaba hacerse cargo de más de cuarenta departamentos y agencias federales y coordinar la información en esos momentos dispersa entre la CIA, el FBI o la Agencia Federal de Administración de Emergencias.

Pero lo más impresionante en esa semana fueron los movimientos que, por cuestiones en materia de seguridad, comenzaban a implementarse alrededor del gigante. Mientras que el presidente Bush permanecía en la Casa Blanca, el vicepresidente Dick Cheney era trasladado a un lugar no revelado, para evitar de esta manera que ambos líderes estuvieran en el mismo lugar si es que se producía algún otro atentado. Además, según destacaban los analistas, la Guardia Costera también ponía su granito de arena, realizando su mayor despliegue desde la Segunda Guerra Mundial; mientras, el FBI instaba desde sus oficinas a las agencias del país para que se pusieran en el máximo nivel de alerta. Aunque hasta ese momento no existían amenazas concretas, las agencias no querían arriesgarse a perder de vista ningún pequeño detalle, por lo que advirtieron durante días que había una mayor probabilidad de actividad terrorista, sobre todo después de la represalia militar estadounidense sobre Afganistán. Por eso, y debido a las citadas advertencias, el Departamento de Estado también aconsejaba a los ciudadanos que tuvieran que viajar al exterior sobre la posibilidad de intensos sentimientos anti-estadounidenses y actos de represalia contra ciudadanos e intereses estadounidenses en el mundo, y a aquellos que estuvieran fuera del territorio nacional se les aconsejaba tratar de limitar al mínimo sus salidas a lugares donde hubiera concentración de gente y que se mantuvieran en contacto permanente con sus consulados o embajadas.

Así pues, además de ver reforzadas las medidas de seguridad interna para evitar otros ataques y de unir a la comunidad internacional alrededor de una causa común, esta guerra sirvió también para que finalmente Osama Bin Laden se reconociera, en un video previamente grabado y retransmitido por la cadena de televisión Al Yazira, como autor de los atentados del 11 de septiembre. En ese video, el millonario saudí juraba venganza a Estados Unidos por las penurias sufridas por el pueblo palestino y aseguraba que "América no vivirá en paz hasta que la paz no reine en Palestina". Una clara alusión a una denuncia común de muchos Estados de mayoría musulmana contra lo que calificaban como la política proteccionista de Estados Unidos con Israel en detrimento de los palestinos. Además, Bin Laden, desde algún lugar oculto en las montañas blancas de Afganistán, más desmejorado que como se le recordaba y con un fusil en las manos, también hacía referencia a su tierra natal y lugar santo de los musulmanes, Arabia Saudí, para exigir la salida de tierra santa de todos los infieles... y sentenciaba a Estados Unidos por sus ataques en Afganistán, carente de toda prueba.

Posteriormente, otro video obtenido por las fuerzas estadounidenses en Afganistán, en el que aparecía Bin Laden, ya no dejaba dudas de la aparente participación del saudí en los atentados. El vicepresidente Dick Cheney aseguró que se trataba de una prueba grabada que revelaba conocimientos significativos de lo que sucedió ese 11 de septiembre. En la cinta, de unos 40 minutos aproximadamente, Bin Laden aparece como un clérigo. Habla en árabe y discute los atentados. Según el diario *Washington Post*, el saudí explica que estaba cenando cuando se le informó de los aviones estrellándose contra el World Trade Center, en ese momento, aparentemente, Bin Laden se lo comenta a los otros comensales y todos rompen en aplausos, asegurando que el daño fue mayor de lo previsto y agradeciendo a Alá por ese éxito inesperado.

Y al pasar de los días, mientras los combates continuaban en territorio afgano, ganando posiciones al régimen Talibán, aviones de carga de Estados Unidos, basados en Alemania, lanzaban 37 mil raciones de alimentos y medicinas para abastecer a los civiles inocentes que desesperadamente trataban de alcanzar la frontera con Pakistán. Junto a la comida, también se repartían panfletos y propaganda que con dibujos informaban a la gente de lo que estaba ocurriendo y de lo que debían evitar hacer mientras duraran los enfrentamientos. Enfrentamientos que con el pasar de los días se hacían cada vez más cruentos entre la Alianza del Norte y sus más temibles enemigos del Talibán. El intercambio de artillería había avanzado hasta la mismísima entrada de la capital, Kabul, haciendo augurar un importante y cruento encuentro.

La Alianza del Norte: aliados y traidores

Durante días, el objetivo principal de nuestro trabajo en Telemundo consistió en comentar los avances de las tropas de Estados Unidos hacía las principales ciudades de Afganistán, consideradas bastión de los Talibán, y el avance de sus principales aliados sobre el terreno: La Alianza del Norte. La que hasta ese momento, con toda honestidad, era casi completamente desconocida para mí. A simple vista, por su aspecto, no se diferenciaban mucho de los Talibán, aunque desde hace años éstos se habían convertido en sus principales enemigos. Y como cada día salía a la luz algo nuevo relacionado con ellos, decidí investigar un poco más a fondo quiénes eran y cómo se había formado esa famosa alianza, a la que muchos analistas ya entonces llamaban la alianza de los héroes y los traidores.

Tras la expulsión de Afganistán de las tropas soviéticas, en 1989, varios ejércitos agrupados según su origen tribal lucharon durante años para hacerse con el control de Kabul. Cuando los Talibán, con el apoyo de los servicios secretos de Pakistán, entraron en Kabul, los otros "señores de la guerra" formaron una coalición, configurándose así la Alianza del Norte, con desesperados e inexpertos guerrilleros y soldados que representaban a las minorías étnicas de Afganistán. Conformada por diversos grupos étnicos y religiosos, pero integrada fundamentalmente por no pashtos, la Alianza del Norte cuenta con 15 mil combatientes de origen tayico y uzbeco que defienden su fortaleza en el noroeste del país, Badakhshan. De hecho, hasta el momento del ataque por parte de Estados Unidos controlaban sólo 5 por ciento del territorio afgano. Desde su creación, su único propósito fue frenar el avance de los Talibán, de origen pashtún y etnia mayoritaria en el país, aunque desde sus propias filas esta guerra contra los Talibán ha supuesto una historia de luchas internas. El primero que traicionó la unión fue el general Dostum, que en 1997 se alió con el líder talibán, el mulá Omar. Sin embargo, cuando volvieron a decidir que eran más enemigos que amigos, era ya tarde y no tuvo más remedio que exiliarse en Turquía, para posteriormente regresar durante los bombardeos estadounidenses, tratando de conseguir junto a ellos su antiguo bastión. El ataque a las Torres Gemelas y ciertas medidas tomadas por el Pentágono lograron que la Alianza del Norte cuente actualmente con un apoyo mucho más poderoso que en toda su historia. Desde que el presidente George W. Bush se decidió por el ataque contra Afganistán para acabar con Bin Laden y sus protectores, la cooperación leal entre el gobierno de Washington y el gobierno de Rabbani, ex presidente de Afganistán y actual líder de los rebeldes del norte, ha sido efectiva y constante.

Lo más curioso es que, a pesar de ser una pieza clave para el avance de las tropas estadounidenses a las grandes ciudades, en nuestras pantallas y todos los días veíamos a los combatientes de la Alianza proseguir su camino a caballo, o en ocasiones en tanques, mientras Estados Unidos les daba asistencia desde el aire lanzándoles comida, municiones y raciones para los caballos. Además, a los ataques que se iban produciendo en tierra, también se sumaban los bombardeos por parte de los aviones estadounidenses, como los del 8 de noviembre de 2001, cuando por octava vez en doce días se atacaron posiciones del Talibán en el avance a Kabul. Esas mismas imágenes se repitieron cuando usaron sus caballos en la toma de Mazar-e-Sharif argumentando que preferían avanzar a lomo de estos animales debido a que los tanques y otras artillerías pesadas no son efectivas y, en muchos casos, ni siquiera operativas en el campo de batalla en un terreno tan difícil y montañoso.

A dos días de la llegada a Kabul, en esa toma de Mazar-e-Sharif, las fuerzas de la Alianza cometieron varios asesinatos, no sólo de varios cientos de partidarios del Talibán, sino también de varios árabes, chechenos y pakistaníes. Éstos fueron torturados y posteriormente asesinados al poco tiempo de que la ciudad cayera en manos de la Alianza. Además, entraron en una escuela a matar a 100 miembros del Talibán que se escondían en su interior, matando a varios niños y civiles inocentes. De hecho, la actitud de la Alianza era tan cuestionada por su uso indiscriminado de la fuerza en la búsqueda de poder, que dos de las organizaciones más prestigiosas de derechos humanos del mundo, Human Rights Watch y Amnistía Internacional, coincidieron en denunciar el tenebroso pasado de violaciones de derechos humanos de los socios de Estados Unidos en Afganistán, que en nada tenían que envidiar a los Talibán.

Transición caótica: un país a repartir

De cualquier forma, la Alianza del Norte, con o sin un pasado estremecedor, era lo único con lo que contaba Estados Unidos para alcanzar sus objetivos. Grandes conocedores del terreno y llevados por sus propias ansias de poder, la Alianza lograba llegar hasta Kabul de mano de las tropas de Estados Unidos. Mientras el presidente pakistaní, Pervez Muharraf, alardeaba de su situación en el exterior y los partidarios del candidato más firme de Estados Unidos, el ex rey de Afganistán Mohammed Asir, seguían hablando de salidas pacíficas, Kabul, el dulce más codiciado, caía en manos de la Alianza como un caramelo a la puerta de un colegio. Y nunca mejor dicho, si tenemos en cuenta que todos querían su trocito, o la totalidad, del caramelo. El avance de las tropas de este grupo rebelde a Kabul había sido arrollador. Como vieron, un viernes alcanzaban Mazar-e-Sharif, primera ciudad importante en caer en sus manos, y tres días después lograban detenerse a seis kilómetros de la capital, aguardando el ataque. Sin embargo, esta ofensiva que en todo momento recibió el apoyo clave de la aviación estadounidense se vio sorprendida con la inesperada retirada de las fuerzas del régimen Talibán, por lo que sin más impedimentos la Alianza ingresaba a la ciudad. De esta forma, el país quedaba dividido en dos y sin gobierno. La Alianza tomaba el control de Kabul; los Talibán controlaban el resto del territorio. Con la noche cerrada no se podía saber a ciencia cierta qué estaba ocurriendo, pero ya con la primera luz del día las primeras imágenes de Kabul mostraban un extraño aspecto de la ciudad. Por un lado, la bandera verde, blanca y negra volvía a ondear sobre algunos edificios públicos, mientras las fuerzas opositoras al régimen del mulá Omar buscaban a los milicianos del Talibán que pudieran estar escondidos en algún lugar de la ciudad, huyendo de una muerte segura si eran capturados.

Los turbantes negros, símbolo de los Talibán, también colgaban de los balcones de la policía. El ruido ensordecedor de los disparos podía escucharse desde cualquier punto de la ciudad, mientras decenas de cadáveres yacían semidesnudos en las calles después de haber sido ejecutados. Por primera vez en mucho tiempo, las mujeres desafiantes salieron también a las calles mostrando su rostro, algunas incluso, las más osadas, muestran a las cámaras de televisión su burka en llamas. La temperatura en Kabul es más elevada de lo normal, los ánimos están demasiado caldeados. La música también inunda cada rincón de la ciudad, dejando atrás la prohibición impuesta por los Talibán. Con gritos de "Alá es grande", muchos hombres y niños rodean a los milicianos de la Alianza en señal de júbilo, mientras comienzan los primeros saqueos a edificios gubernamentales y sedes de organizaciones no gubernamentales como la Cruz Roja. Es por eso que, atento a estos últimos acontecimientos que se desarrollaban apenas a las pocas horas de la toma de Kabul, el presidente George W. Bush aseguraba estar muy feliz por los progresos alcanzados en esta guerra pero también muy preocupado por la falta de respeto a los derechos humanos, por lo que exigía cordura para cesar los asesinatos indiscriminados y los actos de vandalismo.

Pero si en esos primeros momentos posteriores a la toma de la ciudad se respiraba un ambiente de libertad y de fiesta, también comenzaba a sentirse en las calles una honda preocupación por el futuro político de Kabul. En esos instantes, la ciudad estaba sumida en la anarquía total, una ciudad sin gobierno; las primeras horas de la toma de la ciudad estuvieron marcadas por el caos. Se había ganado una batalla pero no la guerra. La ofensiva anti-Talibán no se detenía en Kabul. Las fuerzas inmediatamente avanzaron hasta tomar la ciudad de Jalalabad, cerca de la frontera con Pakistán, mientras que otro contingente apoyado por comandos estadounidenses avanzaba hacia el sur, a la ciudad de Kandahar, cuna de los Talibán.

Como ocurrió en Kabul, menos de dos semanas después las fuerzas de la oposición entraban en Kandahar, después de que los Talibán abandonaran oficialmente su último gran bastión en Afganistán. El fin del control talibán sobre esta ciudad, considerada su santuario, había sido producto de un acuerdo alcanzado un día antes, en el cual se estipulaba que la retirada de este régimen debería llevarse a cabo en cuatro días. En Islamabad, capital de Pakistán, el ex embajador del Talibán, el mulá Abdul Salem, confirmaba ante los medios de comunicación que el mismísimo mulá Omar entregaría el relevo del poder al mulá Naqibullah a cambio de la concesión de una amnistía que le permitiera vivir con dignidad. Sin embargo, y como imaginarán, esta parte del acuerdo provocó el inmediato repudio y enojo del gigante, que jamás permitiría concesión alguna con el que consideraba uno de los culpables de proteger a Osama Bin Laden. De hecho, tampoco resultaba demasiado coherente darle esa calidad de vida con dignidad a un sujeto que había privado de esa libertad a tantos hombres, mujeres y niños bajo su régimen cruel y obsoleto, y que era, además, el principal objetivo junto a Bin Laden en la lucha de Washington contra los líderes del Talibán y Al Qaeda. Pero al contrario de lo que se podría pensar, ni siquiera hizo falta entrar en debates para modificar o para llegar a otro consenso porque el mulá Omar no solamente no respetó el plazo para renunciar al terrorismo y traspasar el poder de la ciudad, sino que no perdió un solo minuto para huir entre las sombras. Los que juraban luchar hasta sus últimas consecuencias no han parado de correr todavía: los combatientes talibán que debían entregar sus armas habían aprovechado la noche para huir de la ciudad hacia las zonas rurales; mientras tanto, eran perseguidos por las fuerzas de Estados Unidos. Como era de esperarse, no se pudo encontrar el menor rastro de su famoso líder supremo, ni mucho menos del saudí.

Con Afganistán ya libre del régimen Talibán, y mientras lentamente se restablecía el orden, sucedió uno de los momentos más llamativos que vivimos en los meses posteriores y que pondría fin al delicado capítulo de la transición política del país. Todos en la redacción estábamos pendientes de la llegada a Kabul del Boeing 707 de la Fuerza Aérea de Italia que trasladaría al ex rey de Afganistán, Mohammed Asir, de nuevo a su país. En una mañana más fría de lo habitual en la capital afgana, y rodeado de impresionantes medidas de seguridad, el monarca finalmente regresaba a Afganistán el 18 de abril de 2002, tras haber pasado 29 años en el exilio.

El regreso del ex rey, considerado por muchos en el país como una figura de estabilidad y por quien Estados Unidos y sus aliados desde el principio habían apostado, era el evento más esperado. La vuelta a su país había tenido que ser pospuesta en al menos dos ocasiones, debido a que las fuerzas de inteligencia de Pakistán habían detectado un complot para acabar con su vida. Los informes revelaron un extenso plan para acabar con su vida a su llegada a Afganistán, por lo que las medidas de seguridad se habían redoblado en un afán por proteger al anciano monarca, quien a partir de entonces sería custodiado por un batallón de la policía italiana que quedaría a cargo de su seguridad durante meses. A partir de ese momento, ya en Kabul, comenzaría su nueva vida en el país. Al mismo tiempo, sin ningún cargo ejecutivo oficial, el rey se limitaría a presidir cuestiones que permitirían en el futuro la formación de un nuevo gobierno. Como se suele decir, nunca aplicaría mejor la famosa frase de "muerto el rey, viva el rey" que al hecho del que acabo de hacerles testigos. Durante años, el fanatismo religioso y la crueldad del régimen Talibán habían dominado las escenas sociales y políticas de Afganistán. Sus ideas y principios habían sido acatados con rigidez y disciplina por un pueblo oprimido y anclado al pasado, que de la noche a la mañana lograba abrirse al mundo pensando en el futuro. A los miles de hombres, mujeres y niños de Afganistán no les costó trabajo decir adiós al que gobernara como rey, el mulá Omar, para saludar al verdadero monarca que, aunque no regresaba para restaurar la monarquía, si lo hacía para devolver lentamente la libertad a los que 29 años atrás habían sido sus súbditos.

Osama Bin Laden y el mulá Omar se esfuman. ¿Está derrotado el Talibán?

Si en estos momentos de vacío de poder lo más importante para Washington y los señores de la guerra era tratar de devolver la estabilidad política a esta región, la espinosa cuestión que seguía flotando en el ambiente era cuál sería el paradero del líder de los Talibán y del millonario saudí. Como se ha visto, Kabul, Jalalabad y Kandahar, la capital espiritual de los Talibán, habían sido los blancos escogidos por el gigante desde el mismo instante en que comenzaron los bombardeos en la primera fase de la operación Libertad Duradera o Justicia Infinita. Al atacar estos objetivos se pretendía alcanzar el corazón de los Talibán para facilitar la captura de los dirigentes del régimen y de los terroristas de Al Qaeda, en los que figuraba en primer lugar Osama Bin Laden. Sin embargo, tras la caída de Kabul, de Kandahar, y tras el intenso ataque que destruyó gran parte del sistema de galerías subterráneas en Tora Bora, no se tenía el menor rastro del Bin Laden, y del líder religioso, el mulá Omar, para colmo, lo último que de él se dijo fue que logró escapar en una motocicleta, burlando las bombas y el cerco delante de las mismísimas narices de los milicianos de la Alianza del Norte. Estados Unidos desplegó sus mejores hombres, sus equipos más preparados y la tecnología militar más novedosa y potente para capturar vivos o muertos a Osama Bin Laden y al mulá Omar, sin embargo, y después de haber puesto en marcha operaciones especiales para llegar a atraparlos, en las que dejaron convertidas en pedruscos y polvo grandes superficies de las montañas blancas, las tropas estadounidenses sólo lograron capturar a Abdul Salem, el que fuera embajador del Talibán en Pakistán, y a Ibn al Shaykh, un libio responsable de los campamentos terroristas de Al Qaeda en Afganistán.

Aún en la actualidad, el escondite del mulá Omar y del saudí siguen siendo la gran incógnita. La asignatura pendiente que desencadenó una guerra, con el objetivo de detenerlos para frenar sus actividades o hacerlos responder ante la justicia, fracasó desde el mismo instante en que ambos lograron escapar del acoso del gigante. La guerra en Afganistán permitió que el pueblo afgano viviera con más libertad pero no con mayor tranquilidad. La violencia, los abusos y la inestabilidad nunca fueron del todo ajenas de este país abatido por las continuas guerras. Lo que en un principio se nos mostró como un avance, el restablecimiento de la música, el futbol, el regreso de las mujeres a la vida pública, a las universidades y la posibilidad de dejar atrás el burka para mostrar sus rostros... poco a poco fue quedándose atrás para mostrar la cruda realidad de seguir siendo un sexo subyugado y sometido. La principal organización de mujeres afganas, RAWA, fue la primera en afirmar que el actual gobierno encabezado por Hamid Karzai y bendecido por Estados Unidos está lleno de criminales de guerra tan sanguinarios como el régimen Talibán; un nuevo gobierno de coalición entre varios caudillos militares con pasados siniestros, que sin la presencia de las tropas estadounidenses difícilmente podría mantenerse.

Pero por encima de la situación en la que viven miles de mujeres, la situación general del país y la amenaza constante de los Talibán constituyen el principal foco de atención. A pesar de lo que podríamos imaginar, hay muchos analistas internacionales que en la actualidad se cuestionan si lo de la retirada del régimen de Afganistán fue realmente una derrota o un repliegue hacia zonas donde podían reagruparse y fortalecerse. Después de unos meses de inusual calma, los atentados contra los soldados estadounidenses, periodistas y occidentales en general volvieron a hacer su aparición en escena en forma de golpes pequeños, precisos y, sobre todo y lamentablemente, certeros. Reagrupados y escondidos en las localidades fronterizas con Pakistán, este grupo sigue manteniendo sus ideales y, lo que es más peligroso, la mayoría de sus armas. La red de Al Qaeda no está derrotada y a pesar de que uno de los principales golpes que le asestó el gigante fue cortar sus suministros económico, el dinero sigue llegando gracias a terceros países que financian el terrorismo, sus ideales o sus propios intereses. Esto último no le tiene que sonar muy extraño a Estados Unidos, si tenemos en cuenta que gran parte de las armas en poder del Talibán no son sólo de fabricación rusa y robadas al ejército soviético durante la invasión a Afganistán, sino también estadounidenses y les fueron entregadas a los muyahidines por la CIA para pelear contra los rusos. Lamentablemente, la situación no se perfila demasiado fácil. Con su núcleo ideológico intacto, con la mayoría de sus armas y equipos operativos en sus manos y con sus filas reforzadas por voluntarios y seguidores de la causa de Bin Laden, los Talibán estarán seguramente preparándose para asestar golpes cada vez más duros y de mayores consecuencias. Ataques que podrían poner al gigante en medio de una angustiosa guerra de guerrillas que requeriría una participación más activa en el conflicto y que podrían extenderse más allá de las fronteras de Afganistán.

EL GIGANTE DE LOS PIES DE BARRO

En plena preparación para la cobertura de los aniversarios de los ataques al World Trade Center.

El segundo avión impacta la Torre Sur causando una gran explosión.
Crédito: José Rosario/Diario *La Prensa*. Nueva York.

Las ruinas del World Trade Center al día siguiente de los ataques terroristas.
Crédito: Catalina Santamaría/Diario *La Prensa*. Nueva York.

Un herido, ensangrentado y con cara de asombro, sale de los escombros
después del derrumbe de la primera torre.
Crédito: José Rosario/Diario *La Prensa*. Nueva York.

En pleno rescate de víctimas de las ruinas del World Trade Center.
Crédito: José Rivera/Diario *La Prensa*. Nueva York.

El World Trade Center en el momento de derrumbarse la segunda torre.

Tranquilo amanecer en Afganistán durante el derrocamiento del régimen Talibán.

Familiares de las víctimas en el momento en que se recordó el primer impacto durante la ceremonia de aniversario.

El sufrimiento combinado con una dosis de nacionalismo fueron determinantes para que la vida de la ciudad siguiera su curso.

El edificio donde aparece la pancarta que dice "Unidos venceremos" fue uno de los pocos que quedaron intactos a pocos metros del World Trade Center. Como el Ave Fénix, parece querer levantarse de entre las cenizas.

September 4, 2002

Laura and I join you in honoring the lives lost in the attacks of September 11, 2001. Our Nation will always remember those who died and their families.

Our values were attacked on September 11, but our Nation emerged united by a renewed spirit of pride and patriotism. The events of that day reminded Americans of what matters most in life: our faith, our love for family and friends, and our commitment to strong principles. In the days and months since then, we have seen the true character of our country in the resolve and compassion of the American people. By answering the call to help others, countless Americans are contributing to a culture of service that strengthens our Nation.

We know that heroism is found in a moment or sometimes in a lifetime of serving something larger than ourselves. The year since September 11 has clearly demonstrated that law enforcement officials, firefighters, rescue workers, and all first responders are among America's greatest heroes.

As we face the challenges of a new era, we know that there can be no peace in a world where innocent men, women, and children are targeted by evil. In fighting terror, our brave men and women in uniform bring security to our country and justice to our enemies. We will continue to defend liberty and ensure peace and opportunity for all.

I want to thank the organizers of the Tribute Luncheon hosted by The National Academy of Television Arts and Sciences. During these extraordinary times, your efforts remind people around the world that kindness and generosity will always prevail over evil.

May God bless you, and may God continue to bless America.

Carta del presidente Bush y la primera dama con motivo del aniversario de los primeros ataques terroristas.

Alan Villafaña con soldados hispanos en Qatar durante la guerra.

Pablo Gato y Julián Zamora en un arsenal de armas en Afganistán.

Vista nocturna de la Zona Cero en el primer aniversario de los ataques terroristas.

Un día después de los ataques, varios jóvenes aprecian el lugar donde se encontraba el World Trade Center, aún humeante y sin sus colosos.
Foto: Humberto Arellano.

Estos cartelitos fueron recogidos en el desierto cerca de Bagdad. Durante la guerra, éstos fueron distribuidos para alertar a la población civil de los lugares donde pueden poner en peligro su vida o para alertar de un bombardeo inminente.

Después del 11 de septiembre, la bandera estadounidense se convirtió, en todo el país y en formas muy diversas, en un símbolo más unificador, que reflejaba sentimientos de solidaridad, pero también de esperanza.

Manifestación en Afganistán en apoyo a Osama Bin Laden.

Frente a la cámara, tratando de mantener una sonrisa, en medio de
circunstancias tan difíciles.

Entrevista a la senadora y ex primera dama Hillary Clinton en Zona Cero en Nueva York en el primer aniversario de los atentados terroristas.

Entrevista con el gobernador del estado de Nueva York, George Pataki.

Cobertura especial del primer aniversario. Con mi compañero de trabajo Pedro Sevsec.

El equipo de producción de Telemundo durante la ceremonia de conmemoración del aniversario del 11 de septiembre. Julián Zamora, nuestro camarógrafo, en primer plano.

Esta simbólica bandera desfiló por la plataforma durante el primer
aniversario de los atentados, escoltada por bomberos, policías y gaiteros.

4

EL GIGANTE SEIS MESES DESPUÉS

Lamentable error: visa para dos secuestradores

Habían pasado seis meses y muchas cosas habían cambiado para todos nosotros. En lo personal, además de esa nueva percepción de la imagen del gigante y la relevancia que adquiría la palabra seguridad, en lo profesional también comenzaba una nueva etapa, que usaría como trampolín para alcanzar tiempo después lo que más había deseado desde mi llegada a Estados Unidos: la posibilidad de presentar un informativo para el *network*. Así fue como mi paso por De mañanita serviría, casi dos años más tarde, para conseguir junto a mi queridísimo compañero José Díaz Balart nuestro propio informativo.

Pero fue en esa época inicial de De mañanita cuando tuve que dar una de las noticias más impactantes desde ese 11 de septiembre: la aprobación de visa para dos de los secuestradores de los aviones que los terroristas usaron como proyectiles contra las torres. Cuando se cumplían seis meses de los peores ataques de la historia de este país, una escuela de vuelo del sur de la Florida, donde se habían entrenado dos de los terroristas, recibía la notificación de que las visas de estudiante que habían solicitado les habían sido aprobadas. Tanto Mohammed Atta como Marwan Al'Shahhi se formaron, como vimos anteriormente, en la escuela Huffman Aviation International, en Venice, Florida, donde aprendieron a pilotar los aviones que ese 11 de septiembre destruyeron las Torres Gemelas. Pues no sólo resultaba irrisorio pensar en la tranquilidad e impunidad con la que estos terroristas se movieron dentro de Estados Unidos antes de atacar al gigante, recibiendo clases, asistiendo al gimnasio o visitando los más famosos clubes y restaurantes del sur de la Florida, sino que además, el colmo de los colmos, fue "el premio" que recibieron tras cometer su sanguinaria fechoría. Nada menos que una visa para estudiar y residir legalmente en el país, cuando millones de inmigrantes indocumentados todos los días se juegan la vida por sobrevivir a base de esfuerzo y sacrificio. Los terroristas no sólo habían llegado en avión sin tener que jugarse la vida cruzando a escondidas una frontera, sino que además, sin mayor esfuerzo, lograban un estatus de estudiante que en miles de ocasiones se les niegan a jóvenes cuyos padres se matan literalmente trabajando para que sus hijos consigan en este país lo que ellos ni siquiera alcanzaron a soñar.

Como se imaginarán, la noticia provocó una ola de reacciones que, como la pólvora, cruzaron las fronteras de Estados Unidos. De nuevo, otra de las agencias de más peso en este país, el INS, una institución por aquel momento ya demasiado criticada por la lentitud de los procesos y por su incapacidad de seguir los movimientos de los extranjeros en suelo estadounidense, tenía que salir al paso de este embarazoso error justificando que ambos secuestradores habían recibido a mediados de 2001 el aviso de cambio de situación de su visa —de visitante a estudiante—, pero que la notificación secundaria no se envió a la escuela hasta que se realizó todo el papeleo de forma manual. Además, para tratar de salir aún más airosos del trance, en un comunicado aseguraban: "Es importante enfatizar que las decisiones con respecto al pedido del cambio de situación se realizaron en el verano de 2001, antes de los trágicos sucesos del 11 de septiembre, y además es importante reconocer que cuando las solicitudes fueron aprobadas el INS no tenía información que indicara que Mohammed Atta o

Marwan Al'Shahhi tuvieran vínculos con organizaciones terroristas".

Sin embargo, de nada les sirvieron las excusas públicas ni las justificaciones. Si ya la CIA, el FBI y las otras agencias de inteligencia dedicadas a la seguridad de este país habían fracasado rotundamente al no prevenir y evitar la tragedia, el hecho de que el INS también fallara estrepitosamente hacía más visible la necesidad de reforzar la comunicación entre todos estos organismos y la urgencia de reagruparlos en uno solo. Es así cómo, para responder a esa necesidad y evitar caer en los mismos errores, meses más tarde se crearía la Homeland Security, un organismo encargado de reagrupar a todas esas agencias y al Servicio de Inmigración para trabajar en conjunto contra el terrorismo. Pero volviendo al momento en que la mayor parte de los medios de comunicación del mundo daban la noticia, en titulares y a todo color, de la aprobación de visa para dos de los secuestradores, la reacción del presidente tampoco se hizo esperar. Dicen que George W. Bush no pudo ocultar su indignación y se enfureció al enterarse de que a Mohamed Atta y a Marwan Al'Shahhi les hubiesen concedido la visa. El entonces portavoz Scott McClellan aseguró que el presidente estaba muy "irritado" y que "quería saber cómo había podido suceder". Así pues, asegurando que "el caso era inaceptable", el presidente Bush ordenaba al secretario de Justicia, John Ashcroft, y al secretario para la Seguridad Interior, Tom Ridge, "que fueran hasta el fondo de la historia". Algo que aún en la actualidad es una cuestión sin resolver a pesar de lo aducido por el Servicio de Inmigración. En estos momentos, la seguridad del país recae, como les comenté, en ese nuevo departamento que ha permitido agilizar los trámites de miles de inmigrantes y visitantes y que ha conseguido una mejor comunicación entre las agencias de inteligencia, disminuyendo la burocracia y haciendo más efectivos los recursos en contra del terrorismo. Los errores sucedieron y ya no se puede dar marcha atrás; lamentablemente, el costo en vidas humanas fue demasiado alto. Ahora sólo queda aprender de los errores del pasado y tener fe en que hechos como los expuestos no se vuelvan a repetir.

El cielo de Nueva York honra a sus víctimas

Habían sido seis meses casi de infarto, seis meses en los que todos los días aprendíamos una nueva lección sobre lo ocurrido. Medio año en el que los testimonios y entrevistas de muchas personas que sufrieron en carne propia los efectos de los ataques difícilmente podían olvidarse. Como todos los días, al llegar a mi trabajo y antes de pasar por maquillaje, hacía una parada técnica y obligada por mi despacho. Cuando me disponía a entrar en la computadora para leer mis *mails*, Claudia Foguini, la productora del programa, pasaba a comentarme que la entonces productora ejecutiva del *show* había decidido enviarme a Nueva York para la ceremonia en memoria de los ataques del 11 de septiembre. El corazón se me salía del pecho pensando en la emoción y el dolor cuando viera, frente a frente, la herida del gigante. Recuerdo que durante todo el programa y hasta que acabó mi mente estaba en ese reencuentro, en esa gente que después de seis meses seguía buscando desesperadamente a sus seres queridos, en aquellos que lograron a duras penas sobrevivir. Crucé el pasillo y rápidamente subí las escaleras para llegar al lugar asignado a los productores de De mañanita. En el despacho de la productora ejecutiva ya se encontraba Alan Villafaña, uno de nuestros reporteros del programa y un excelente amigo y compañero. Sin ninguna duda, Alan era un rostro conocido para los neoyorquinos, ya que había comenzado su carrera profesional en la ciudad de los rascacielos trabajando para el local de Telemundo y podía ser de indispensable ayuda durante los días que tuviéramos que hacer las transmisiones. Fue así como el 9 de marzo Alan y yo salíamos a Nueva York para transmitir en la cadena el homenaje en memoria de los atentados a seis meses de ocurridos. En este viaje nos acompañaba Carlos Barquín, uno de nuestros camarógrafos, quien a su vez también nos serviría de improvisado productor. La llegada fue más dura de lo que habíamos previsto, ya desde el avión algo faltaba en la postal de la ciudad. Los dos colosos, tan característicos de esa vista de Nueva York, nos hacían augurar lo que viviríamos después. Además, el tiempo estaba más frío que de costumbre, había descendido la temperatura varios grados bajo cero y, viniendo desde Miami, notábamos la intensa helada como si se nos calara en los huesos. Del aeropuerto nos trasladamos al hotel e inmediatamente comenzamos a gestionar las acreditaciones para estar el 11 de marzo en la zona cero. Mientras Carlos resolvía ese aspecto, Alan y yo comenzamos a llamar a los invitados para confirmar las horas en que iban a pasar a buscarlos, y que todo estuviera listo para las conexiones en directo, no sólo en el World Trade Center, sino también en los otros lugares donde tendría lugar la conmemoración. Por la tarde, fuimos a comprar camisetas y gorras conmemorativas —algunas de la policía, otras de los bomberos— para enviarlas a Miami con la intención de que el resto de los compañeros que se quedaron en el estudio, Luisa Fernanda, Pita, Fernando y Ricky, pudieran llevarlas puestas a modo de homenaje al esfuerzo de estos héroes anónimos.

Después de realizar las compras y hablar a Miami, recuerdo que estuve conversando con Fer (quien ahora triunfa en la competencia) para comentarle más o menos lo que íbamos a tener en el programa especial. Fer era por aquel entonces mi amigo y compañero y a él le correspondía llevar la cobertura desde nuestros estudios de Miami, ya que los dos presentábamos juntos todo lo relativo a las noticias del programa. Al día siguiente, nos levantamos temprano para ir al lugar donde toneladas de escombros ocupaban el lugar de las torres. El polvo y el humo aún se dejaban sentir en el ambiente, las fotos, las velas y las flores, muchas de ellas ya secas, inundaban todos los rincones, y los bomberos, policías y voluntarios rompían en grupos, cada cierto tiempo, el silencio seco que sólo se veía interrumpido por los aplausos que se generaban a su paso. Es lo más emocionante que me ha tocado vivir: esos aplausos cada vez que se veía un camión de voluntarios o de policías de Chicago, de Miami, bomberos de Phoenix, de Texas, de Los Ángeles... Aún recuerdo, seis meses atrás, la desesperación de muchos familiares, anclados a la esperanza de encontrar a sus seres queridos... Las dedicatorias: "Pete, nunca te olvidare. Te fuiste una mañana y no regresaste, dejándonos un vacío imposible de llenar. Te amo y no veo el momento de reencontrarnos en la eternidad"; "Al mejor de los hijos"; "A mi queridísima Sally, fuiste lo mejor de nuestras vidas, Te amo". Sería realmente imposible olvidar tanto amor y tanto dolor en esas pequeñas hojas de papel. Al caer la noche, las cuadrillas de trabajadores, rendidos, sucios, aún abatidos por la magnitud de la tragedia, tomaban unos minutos de descanso mientras otros voluntarios seguían, como el primer día, llevándoles una ración de comida. De verdad, sería imposible no recordar tantas lecciones de amor de la gente de Nueva York y de un pueblo en general que unido tras la tragedia supo también enseñar al mundo una lección de solidaridad.

Y después de conseguir las acreditaciones, de haber grabado algún *B-Roll* o imágenes de recurso para editar los videos y todo lo necesario para la cobertura de las ceremonias... llegó el día. Tal como nos lo habían indicado, nos levantamos a las 5 de la mañana porque a las 6 cerrarían el área. El FBI y la policía habían determinado que ésa era la hora en la que no dejarían subir o bajar a nadie de los edificios desde los que íbamos a estar emitiendo en vivo. Lentamente, y según nos acercábamos al lugar, nos dimos cuenta de lo afortunados que íbamos a ser al tener un lugar tan privilegiado para transmitir, justo a espaldas del enorme agujero. Había decenas de medios de comunicación, sobre todo extranjeros, que se habían tenido que limitar a instalarse en plena calle, al lado de sus camiones. Era noche cerrada, aún no dejaba asomarse al día. Sólo las luces de los focos de los compañeros de la prensa centellaban en los edificios que milagrosamente y aunque dañados habían logrado quedar en pie. Aún recuerdo un enorme agujero en uno de los edificios frente a nosotros, donde se habían instalado cámaras y un equipo japonés para llevar a cabo su transmisión. Nosotros, en la azotea, apenas teníamos sitio para trabajar. Después de hablar con nuestro control en Miami y de cerciorarnos de que la señal de video y audio se recibía con nitidez, hablé con mi querida Manuela Guardia, una de mis más antiguas y respetadas compañeras, productora del programa que también presenta aún en la actualidad en Telemundo Internacional junto a mi no menos querido y admirado Rogelio Mora Tagle. La idea era que al acabar las transmisiones para el programa de la cadena pudiera además enlazar con Rogelio desde Nueva York y hacer el programa desde ambos lugares.

Así llegaron las 7 de la mañana. En un amanecer impresionante, con un cielo anaranjado, comenzaba saludando desde Nueva York y adelantando lo que veríamos a continuación. Después de rodar los títulos del programa, el *show* abría introduciendo también a Alan y saludando a Fer, que estaba en el estudio en Miami. Tras saludar a Fer, hacíamos extensivo el saludo a los otros compañeros y muy especialmente a mi buen Ricky Luis. Iban a ser tres actos diferentes de recordación en Nueva York, Washington y Pensilvania, aunque la atención siempre estaría centrada en el World Trade Center, donde además estaba la mayor parte de los políticos y representantes. Fue por eso que el presidente decidió permanecer en Washington, donde, desde temprano, presentaba en su oficina del salón oval una estampilla alusiva al 11 de septiembre, en la que se mostraba a tres bomberos izando una bandera estadounidense entre los escombros de las torres. La idea era venderlas a 45 centavos, de los cuales 8 centavos serían destinados a las familias de las víctimas. Después, junto a más de mil personas, entre legisladores, líderes mundiales, embajadores y algunos familiares de las víctimas, honraría en una emotiva ceremonia en la Casa Blanca la memoria de los caídos, reiterando el esfuerzo continuo y unido contra el terrorismo.

A las 8:46 a.m. (hora del este de Estados Unidos) todos los presentes guardaban un minuto de silencio, recordando el momento exacto en que el vuelo 11 de American Airlines se estrelló contra la Torre Norte del World Trade Center. En ese instante, tengo que admitir que sentí una tristeza inexplicable. Imaginé por unos segundos las despedidas de esa trágica mañana seis meses atrás. Los últimos besos, los últimos abrazos, los últimos "te quiero", la expresión en la cara de muchas personas que no se podían borrar de mi mente y a quienes había conocido a través de los miles de carteles, fotos y fotocopias. Los lugares vacíos alrededor de una mesa, las camas vacías, lo que muchos se dejaron por decir... la espera de noticias, un cadáver que velar, un cadáver que enterrar... la incertidumbre, el miedo, el horror, la desesperación... la misma desesperación que obligó a algunos a precipitar su final arrojándose por las ventanas, solos o de las manos de otros compañeros, emprendiendo juntos ese último viaje. Rápidamente, el silencio dio paso a las solemnes palabras del alcalde de Nueva York, Rudolph Giuliani, que recordaba lo sucedido ese 11 de septiembre y muy especialmente a las víctimas inocentes y el valor que demostraron aquellos que durante largo tiempo supieron que iban a morir y no podían hacer nada por escapar de las torres o de los aviones secuestrados. Acto seguido, también el goberna-

dor George Pataki dirigía unas hermosas palabras a todos aquellos
que lloraban a sus seres queridos y pedía fortaleza a todo el pueblo estadounidense para remontar las vicisitudes.

A las 9:03, diecisiete minutos después, se realizaba un segundo
minuto de silencio, a la hora exacta en que el vuelo 175 de United
Airlines chocaba contra la Torre Sur. De nuevo, ese silencio lleno
de emoción pareciera helarme la sangre. Era increíble ver ese
dolor en la cara de mis compañeros. Alan estaba al borde de las
lágrimas, con los ojos empañados, como lo estaba yo misma.
Nada más al concluir, el ex presidente soviético Mijail Gorbachev
depositó una corona de flores en la plataforma reservada para que
los familiares de las víctimas pudieran observar el lugar donde
reposaban las torres, ahora convertido en un amasijo de hierros y
escombros. Inmediatamente, teníamos que trasladarnos a Battery
Park, un pequeño parque en medio del centro residencial, erigido
en la ribera del Hudson gracias a los terraplenes extraídos de las
torres gemelas y donde estaba prevista otra ceremonia en la que se
iba a mostrar la famosa estatua redonda tan característica del
centro del World Trade Center, recuperada de entre toneladas de
escombro. Ver el estado en que había quedado, pero aún de pie,
era en cierta medida una visión de esperanza. Recuerdo que cuando estábamos en la azotea me había acercado al gobernador del
estado de Nueva York, George Pataki, para pedirle que fuera tan
amable de contestar a nuestras preguntas. El gobernador, escoltado
por miembros de su gabinete y muy apresurado por llegar también
a Battery Park, me aseguró entonces que hablaría para nosotros
cuando tuviera un minuto libre. La sorpresa mayor fue cuando
terminó su discurso en la ceremonia y mientras se dirigía a su
coche, me vio de lejos y tuvo la cortesía, poco frecuente en un
político, de acercarse a cumplir su palabra, y así hablar en directo
con nuestros televidentes. Reconozco que me quedé de piedra, y
mucho más cuando el gobernador Pataki me recordaba perfecta-

mente de la vez que tuve el placer de entrevistarlo en nuestros estudios de Miami. Conversamos sobre los planes de reconstrucción, sobre los familiares de las víctimas, incluso tuvo la amabilidad de responder de manera personal a las inquietudes de una de nuestras invitadas. Después, con el carisma que le caracteriza, ese hombre grande en tamaño y en corazón se despidió de nosotros.

Además de la emotividad de las ceremonias, los momentos que tanto Alan como yo recordamos con mayor emoción fueron, sin duda, aquellos en que escuchamos frente a nosotros los testimonios de muchos actores de ese 11 de septiembre y, sobre todo, las muchas ironías del destino. Con un frío muy por debajo de los cero grados, y tratando de matar esa sensación con un café caliente, hubo muchos hispanos que ese día, venciendo esa adversidad, quisieron estar con nosotros para contarnos sus casos. Y créanme que como el que les voy a contar a continuación hay pocos en la vida. Julia y Cléber Rivas esperaban con nosotros desde temprano el momento de entrevistarlos en el programa. Madre e hijo tenían una historia increíble que se había saldado, lamentablemente, con la muerte de su otro hijo y hermano. Cléber trabajaba desde hacía años en el restaurante Windows of the World, que coronaba una de las torres. Su estatus en este país, como el de muchísimos hispanos, no le permitía traer legalmente a su hermano, que vivía en Nicaragua y que soñaba con alcanzar el llamado sueño americano. Después de mucha insistencia, el hermano de Cléber lograba llegar a la ciudad de los rascacielos, cumpliendo también el sueño de doña Julia de ver reunida a su familia. Sin embargo, la felicidad no les duraría demasiado. Cléber, preocupado por que su hermano tuviera algún sustento económico, decidió hablar con la gerencia del restaurante para que éste pudiera trabajar junto a él. En el proceso, Cléber sufrió un pequeño accidente que le apartó del trabajo por unos días. Concretamente, ese 11 de septiembre su hermano comenzaba a trabajar y él comenzaba su baja laboral. Ese fatídico día, el destino les jugó una mala pasada. Cléber, que tanto había luchado por conseguir ese trabajo a su hermano, tuvo que ser testigo de la caída de las torres que se llevarían la vida de su hermano y la de muchos compañeros mientras él se le escapa a la muerte. Ese día, una madre, doña Julia, lloraba la pérdida de uno de sus hijos, mientras, a la vez, daba gracias a Dios por tener entre sus brazos al otro.

Y créanme que esto es sólo uno de los muchos casos que me contaron con su propia voz los protagonistas de esta terrible historia. Muchos, después de esperar un milagro, descubrían que sus seres queridos estaban muertos y nos contaban cómo eran, cómo fueron los últimos minutos junto a ellos; otros nos relataban cómo lograron burlar a la muerte y escapar de esa jaula de escombros y fuego.

Como en toda historia, también ese día se abrieron capítulos de esperanza. Como el de Marangelis González, quien embarazada de trillizos se encontraba ese día en su trabajo como administrativa en una empresa de la Torre Sur, la segunda en ser impactada por los aviones. Un amiga suya, que también trabajaba en el edificio y con la que habitualmente tomaba café o almorzaba, había sido avisada para que saliera porque un incendio, del que hasta el momento no se tenían más datos, se había declarado en la torre de enfrente. Marangelis no creyó oportuno abandonar su puesto de trabajo y cuando quiso reaccionar era ya demasiado tarde. Según nos cuenta, en el momento en que el segundo avión impacto la torre en la que ella estaba, el estruendo fue sobrecogedor. Inmediatamente comenzaron a sonar las alarmas de incendio, se accionaron los difusores de agua y la luz se fue por unos instantes para regresar de manera intermitente unos minutos más tarde. Sus compañeros le gritaron que se apurara, que había que abandonar el edificio, pero cuando se asomó a las escaleras se sintió incapaz de mover sus pies y adentrarse a la aventura de bajar más de treinta pisos entre una avalancha de gente gritando, herida, asustada y tratando de huir como pudieran de ese infierno mortal. Marangelis se tocó entonces su barriga, tratando de confortar y proteger a sus hijos y, resignada, se tiró al suelo, agazapada al lado de un archivador. En esos instantes, ella sabía que iba a morir y, lo que era peor, que con ella morirían también los tres pequeños que durante más de cinco meses había llevado en sus entrañas. Al contrario de lo que uno imaginaría en una situación como ésa, ella se resignó a morir en paz. Sin embargo, no le había llegado su hora. En medio de la avalancha humana por salir del edificio, alguien la vio y la obligó a ponerse en pie, y junto con otras personas la agarraron por los pies y por los brazos y la bajaron por las escaleras hasta alcanzar la calle. Allí la esperaba su amiga, que no había perdido la esperanza de reencontrarse con ella. Las personas que la ayudaron a vivir desaparecieron como habían aparecido. La policía les pedía que se retiraran de inmediato mientras los equipos de rescate y los paramédicos se aseguraban, según salían, de que no necesitaran ayuda. De cualquier forma, tampoco estuvo mucho tiempo en el escenario de destrucción del que había logrado escapar. Con sus más de cinco meses de embarazo, junto a su amiga, corrió y corrió para alejarse del lugar. El desconcierto, los heridos, las ambulancias, las sirenas y los cadáveres reventados contra el pavimento que caían desde las ventanas, muchos de ellos en llamas, sólo repetían en sus oídos las palabras de uno de los hombres que milagrosamente la ayudaron a salir y que le pedían que se alejara lo más posible de las torres porque podían venirse abajo. Recuerdo que cuando me lo estaba contando me confesó que su peor temor era que al caer las torres y, como si de un juego de dominó se tratase, las torres cayeran sobre los edificios de alrededor derribándolos, y esos edificios sobre otros y así sucesivamente. Aunque no lo crean, Marangelis corrió por espacio de una hora y ya a buen resguardo, como a treinta calles de distancia, presenció junto a su amiga lo que había sido su peor pesadilla: la caída de los colosos; primero uno, minutos después el otro, y la enorme nube de polvo, ceniza y papeles que de repente cubrió la mayor parte de las calles que había pasado en su huida. Seis meses después, y con sus tres hermosos bebés entre sus brazos, tuvimos la oportunidad de estar en su casa y verla celebrar junto a su esposo y su otra hija la bendición de estar viva. A través de estas páginas, quiero agradecer a esta valiente mujer y a su esposo las atenciones que tuvieron con nosotros. Marangelis le pide a las autoridades de la ciudad de Nueva York que le ayuden a conseguir una vivienda para poder disfrutarla junto a su familia. La carta que nos dio para hacerla llegar a la oficina del señor George Pataki fue entregada. En el momento de escribir esto desconozco si logró realizar su sueño.

Pero regresando a los actos en recuerdo de las víctimas inocentes de ese 11 de septiembre, como imaginarán, al igual que lo habíamos vivido nosotros en Nueva York, también en Pensilvania y en Washington se celebraron homenajes para honrar a los caídos. Parientes y público en general se reunieron cerca de Shanksville, en el lugar que sirve como monumento a los pasajeros y la tripulación del vuelo 93 de United Airlines, y en el que las 44 personas, incluyendo a los cuatro secuestradores, murieron a bordo del avión. En esa emotiva ceremonia, mientras un grupo de niños cantaba, otros, acompañados de sus familiares, esparcían angelitos azules, blancos y rojos sobre el terreno donde cayó la nave. A las 10:06 a.m. (hora del este de Estados Unidos), en el momento en que el avión se estrelló contra el suelo, una campana repicaba 40 veces en honor de las víctimas. Mientras, en Washington, en los alrededores del Pentágono, el secretario de defensa, Donald Rumsfeld, también dirigía unas hermosas palabras de apoyo a las familias y se comprometía, como el propio presidente había asegurado desde el primer día, a atrapar a los culpables, someterlos a la justicia y acabar con el terrorismo en el mundo.

Durante estos seis meses, y desde los brutales ataques, los colores del invierno se transformaron en hermosos y rutilantes rojos, azules y blancos. La luz de la libertad contrastó más que nunca con la luz de millones de velas, convertidas en símbolos silentes de la solidaridad de un pueblo, en el que todos nosotros, ciudadanos o extranjeros, nos sentimos incluidos. Y fue precisamente con esa luz con la que la ciudad de Nueva York quiso erguirse ante el mundo para mostrar el orgullo, el espíritu y el desafío del gigante.

Después de nuestra cobertura de los actos de homenaje, nos dirigimos al hotel para dejar la cámara y el resto del equipo y, aunque tarde, saciar nuestro apetito. Durante más de nueve horas lo único que habíamos podido tomar era café caliente y un *bagel* que nuestro querido Carlitos Barquín, nuestro camarógrafo e improvisado productor, nos había logrado conseguir en el único lugar abierto frente al edificio en el que estábamos instalados. Literalmente, no veíamos el momento de sentarnos tranquilos a comer. Durante el trayecto fuimos comentando las incidencias de nuestro trabajo con los invitados, los escenarios, la seguridad del área... Acercarse o salir del World Trade Center era una auténtica odisea, miles de personas se habían trasladado hasta allí para los actos de recordación y otros muchos, en los alrededores, trataban de ver lo que estaba pasando. La Zona Cero, más custodiada que nunca, se había convertido en una verdadera fortaleza. Nos tomó más de una hora llegar a nuestro destino y casi dos más, entre unas cosas y otras, el poder sentarnos en un restaurante. Mientras degustábamos como desesperados un plato de pasta, planeamos el trabajo de la noche: en sólo tres horas teníamos que regresar al World Trade Center. Aunque no teníamos que hacer ningún enlace en vivo con Miami, queríamos grabar el momento más esperado del día: cuando dos enormes haces de luz iluminaran el cielo en el lugar donde estaban las torres.

De nuevo, llegar hasta allí se nos complicó, a pesar de que salimos con bastante tiempo. Una marabunta de personas, muchas a pie, ya desde varias calles antes inundaba los aledaños de la Zona Cero. Muchas de ellas, caminando desde Union Square, uno de los puntos escogidos para orar y recordar a las víctimas, a más de dos millas del lugar al que nos dirigíamos. Gente con la cara pintada con la bandera de Estados Unidos, con velas en las manos, con gorras de la policía, con camisetas de los bomberos, y la frase "Nunca olvidaremos" presente en la mayor parte de las ventanas y vidrieras.

El horror inicial había dado paso a una increíble nostalgia cada vez que, a propósito o accidentalmente, dirigíamos nuestros ojos al lugar donde antes se erguían los dos colosos. Un panorama aún más desolador se vivía al caer la noche. La luz que emanaba de las torres y que durante décadas había pintado alegremente el cielo de Manhattan, ahora se transformaba en la más cruel oscuridad, sólo rota por los pequeños reflectores de los equipos de trabajo. Sin embargo, algo estaba a punto de cambiar. Aunque nada podía devolver las torres a su lugar, tampoco podrían impedir que se llenara ese vacío desolador con dos colosos de luz.

Como era de esperar, los principales protagonistas se habían dado cita en el World Trade Center. Faltaban sólo unos minutos y la emoción se podía sentir esa noche, más cerrada que nunca. Una visión que sirvió principalmente de inspiración a dos arquitectos empeñados en recrear fugazmente las torres como dos haces inmensos de luz proyectados hasta el infinito desde la piscina del río Hudson. Paul Myoda y Julian La Verdiere, los dos artistas, habían trabajado durante meses en el piso 91 de la Torre Norte para instalar una escultura y conocían los colosos como nadie, desde adentro y desde afuera. Cuando ocurrió la tragedia, estaban seguros de que esos dos huecos fantasmales pedían a gritos ser iluminados. Por eso quisieron que cada vez que los neoyorquinos miraran hacía *downtown*, tuvieran la sensación de que, al menos desde esa noche, no echarían de menos las estructuras. Y así ocurrió, como por arte de magia las luces se encendieron poco después de las 7:00 p.m., de la mano de la pequeña Valerie Webb, cuyo padre, el oficial de policía Nathaniel Webb, había muerto en los ataques. Las columnas de luz azul y blanca alcanzaron cientos de metros de altura, haciéndose visibles a más de 15 kilómetros de distancia, para "decir a los neoyorquinos y al mundo todo lo que no podemos explicar", como dijera el alcalde Michael Bloomberg. Sin lugar a dudas, un mensaje que nos llegó a todos los que vimos, de un segundo a otro, como esas dos simples luces servían para devolver la seguridad y la esperanza de un futuro a millones de personas. Esas dos torres fantasmas en forma de luz eran suficientes para simbolizar la unidad, la resistencia y la esperanza de una ciudad herida que lentamente trataba de sanar. Los aplausos fueron ensordecedores y las lágrimas rodaron por las mejillas de casi todos los presentes, no sólo de los familiares de las víctimas. Las caras del ex alcalde Giuliani o del gobernador Pataki lo decían todo. Con la vista al cielo, sus ojos empañados y más firmes que nunca, ambos mostraban al mundo la fortaleza de espíritu del gigante. En el río Hudson, los barcos hacían sonar sus ruidosas bocinas para sumarse así al homenaje, mientras que la cantante Jesé Norman interpretaba el ya famoso *America the Beautiful* a capella y sin ningún acompañamiento, helándonos la sangre cada vez que las notas de la canción alcanzaban sus tonos más altos. Una vez más, en ese momento no existieron nacionalidades, ni razas ni religiones. Con el corazón apretado sentí que fue a mi a quien habían herido cuando atentaron contra el gigante. El "tributo de luz" ya se habrá extinguido cuando lean estas líneas, pero la cadena de emociones y la imagen de los colosos proyectados sobre el cielo cerrado jamás podrán borrarse de mi memoria.

Una amenaza silente se cierne sobre el gigante

Poco a poco nos acercábamos al primer aniversario de los ataques y, mientras el gigante trataba lentamente de levantarse, una serie de amenazas se cernían sobre su cabeza. Los servicios de espionaje habían detectado planes de Al Qaeda para arremeter nuevos actos terroristas. Sin embargo, a diferencia de los días posteriores al 11 de septiembre, en esta ocasión no sólo estaba en peligro el territorio estadounidense, sino todos sus intereses en el mundo. Embajadas, consulados, compañías aéreas, instituciones bancarias o franquicias estadounidenses se ponían en estado de máxima alerta.

Los temores se centraban en el sureste asiático, donde cuatro embajadas habían sido cerradas de forma preventiva. El fiscal general, John Ashcroft, aseguraba que algunos meses atrás células de Al Qaeda habían acumulado explosivos en la región para atentar posiblemente con coches bomba. Las embajadas en Malasia, Indonesia, Vietnam y Bahréin, un emirato muy cercano a Irak y Arabia Saudí, tuvieron que ser cerradas como medida de precaución. Ante estas afirmaciones, la reacción del presidente no se había hecho esperar. Bush aseguraba que su gobierno daría protección extraordinaria a las instalaciones clave y haría lo que estuviera a su alcance para proteger al público.

Pero mientras estas amenazas iban dirigidas al exterior, al interior, en Estados Unidos, el fiscal general anunciaba la decisión del presidente de elevar el nivel de alerta, que pasaba de amarillo a naranja por primera vez desde que en el pasado marzo se estableciera la escala de colores para definir la gravedad del riesgo terrorista. Para que se puedan dar una idea, esta escala está compuesta por cinco colores: verde significa bajo riesgo; azul, estado de guardia; amarillo, riesgo elevado; naranja, alto riesgo; y rojo, riesgo severo o ataque inminente. Además, en ese momento los aeropuertos del país, las estaciones de trenes, autobuses, metro y los sectores de energía también se vieron severamente reforzados.

Además, a partir de ese momento y hasta concluir las celebraciones del 11 de septiembre, o hasta el momento en que el departamento de seguridad creyera conveniente descender el nivel de alerta, se aumentaba la vigilancia en los lugares donde se celebraran reuniones masivas, como estadios deportivos, centros comerciales, o lugares que pudieran ser reconocidos en el mundo como símbolo del poder de Estados Unidos. Como podrán imaginar, esto afectaba la vida de todos. Si ya comenzábamos a recuperar la confianza de que no volveríamos a sufrir un ataque y de que las cosas, lentamente y con mucho dolor, regresaban a la normalidad, estas noticias cayeron como un verdadero jarro de agua fría. La economía había caído en picada desde el 11 de septiembre, dada la desconfianza de los inversionistas y la baja en los mercados de valores. En el sector turismo, miles de personas habían perdido sus puestos de trabajo por el temor existente de que este país volviera a ser el blanco de un ataque terrorista, y los negocios no lograban mantener sus niveles de venta, por lo que muchos de ellos habían tenido que despedir a sus empleados o, en el peor de los casos, cerrar sus puertas. En fin, aunque al gobierno le costara mucho trabajo reconocerlo, según los analistas la economía más rica del mundo estaba en claro proceso de recesión. Por eso, cuando con un tremendo esfuerzo esa economía comenzaba a despertar de su letargo, el hecho de elevar el nivel de alerta a alto riesgo hacía que muchas personas no quisieran salir apenas de sus casas. Aunque la perspectiva desde el exterior era tal vez diferente, lo cierto era que, como vulgarmente se dice, se nos caía el alma a los pies al ver ahora desoladoramente fantasmagóricos algunos lugares que en el pasado estaban totalmente abarrotados de turistas.

Sin embargo, y a pesar de esa sensación de inseguridad, tanto el presidente como el fiscal general insistieron en no cancelar las ceremonias previstas en Nueva York, Washington y Pensilvania con motivo de las conmemoraciones del primer aniversario de los ataques terroristas. Una fecha en la que los cielos de esas ciudades estarían más vigilados que nunca con aviones radar y cazas F-16, y en donde en cada rincón estratégico habría al menos una unidad de policía, convirtiendo estos lugares en verdaderas fortalezas.

5

PRIMER ANIVERSARIO DE LOS ATAQUES

Un EMI especial a los
profesionales de noticias

Casi sin darnos cuenta, entre ese mar de acontecimientos generados tras el violento ataque, habíamos llegado a los días previos al primer aniversario y, como era de esperar, nuestro canal no podía faltar a esa cita con el recuerdo. Durante semanas se había estado planeando la cobertura especial, a sabiendas de que los medios de comunicación más importantes del mundo también iban a estar presentes, en Nueva York, en Washington y en Pensilvania, en las ceremonias de homenaje a las víctimas. Sin embargo, esta vez nosotros contamos con una excepcional ventaja, ser parte de NBC, una de las cadenas más prestigiosas a nivel mundial y que en materia de noticias está, además, a la cabeza de todas por su seriedad, objetividad y rigor periodístico. Rafael Matos, el productor ejecutivo, me llamó temprano a su despacho para comunicarme que en la reunión de producción con nuestro vicepresidente de noticias se había decidido que yo viajaría a Nueva York, junto a Pedro Sevsec, José Díaz Balart y otros productores, para asistir a la entrega del EMI especial que la Academia Nacional de Ciencias y Arte de la Televisión de Estados Unidos había decidido entregarnos por la cobertura periodística del 11 de septiembre. De más está decirles que no cabía en mí de la emoción, el sueño de cualquier periodista es ganar un EMI, pero obtenerlo y además asistir a la entrega especial en el almuerzo de la Academia y codearme con los "grandes" del periodismo… esto era mucho más de lo que me esperaba.

Además, y por si fuera poco, Rafael también me comentaba que yo presentaría junto a Pedro Sevsec la cobertura especial de la cadena el día del primer aniversario de los ataques terroristas. Algo que me agradaba por partida doble, primero por ser la presentadora, y luego por hacerlo junto a Pedro Sevsec, ya que siempre que había trabajado con él en coberturas especiales el trabajo había resultado todo un placer por su experiencia, facilidad de palabra y amplios conocimientos.

De esta forma, el domingo 8 de septiembre salimos un nutrido grupo a Nueva York para asistir a esa celebración tan especial de la entrega del reconocimiento en uno de los hoteles más emblemáticos de la ciudad. Conmigo viajaban nuestra productora, Claudia Foguini, y mi queridísimo Julián Zamora, uno de nuestros camarógrafos estrellas y de quien ya les he hablado cuando compartí con ustedes sus experiencias en Afganistán. Curiosamente, y a partir de este momento, Claudia, Julián y yo conformaríamos el equipo designado para todas las coberturas que tendrían que ver con el 11 de septiembre y que nos exigirían salir en repetidas ocasiones de nuestros estudios en Miami.

Con una enorme emoción y responsabilidad, los tres viajamos a Nueva York para estar presentes en esa emotiva jornada. Al llegar a la ciudad de los rascacielos, lo primero que vimos fueron las impresionantes medidas de seguridad desplegadas en el aeropuerto, las largas filas para pasar los controles de vigilancia en el despacho de equipajes y en los pasillos e inmediaciones del edificio. Tras esperar más de media hora a que saliera todo nuestro equipo y maletas, nos dirigimos al coche que nos esperaba para trasladarnos al hotel. De nuevo, durante el trayecto y mientras nos acercábamos a Manhattan, la vigilancia en los puentes y túneles subterráneos y el caos de tráfico provocado, según nuestro chofer, por las restricciones a las áreas donde tendrían lugar los actos conmemorativos convertían la ciudad en una verdadera fortaleza. Para que se hagan una idea, tardamos más de una hora en llegar al hotel. En la recepción, gran parte del grupo esperaba a ser acomodado, mientras que el resto había decidido quedarse en uno de los hoteles de más moda en la ciudad, pero con habitaciones mucho menos cómodas. Por cierto, el mérito se lo debemos reconocer a Claudia Foguini, ya que desde el primer momento habíamos comentado que preferíamos sacrificar estar en el hotel más *in* de Nueva York por el de habitaciones más lujosas y espaciosas. Después de acomodarnos, me llamó mi querido Peter López, que había viajado para la ocasión junto a su esposa Olga, y quedamos con otros compañeros en ir a cenar. En el grupo no podía faltar Carlitos Calvo, uno de los mejores camarógrafos del canal y con quien desde hace años me une una gran amistad; Isolda Peguero, nuestra corresponsal en Nueva York; mi adorado José Díaz Balart, con quien acabaría presentando Hoy en el mundo y quien se convertiría en mi "mejor mitad profesional"; y Osvaldo Agudelo, que había jugado un papel sobresaliente en la cobertura del 11 de septiembre por sus amplios conocimientos teológicos y del mundo árabe. Lo pasamos sensacional. Comimos y conversamos hasta pasadas las dos de la madrugada y después cada uno para su hotel.

Llegamos así al gran día. Recuerdo que aunque no teníamos necesidad de madrugar, me levanté temprano para desayunar con Claudia y Julián. Antes de salir, me aseguré de que todo estuviera en orden. La noche anterior había entregado al servicio de habitaciones el traje que me iba a poner para que lo plancharan y lo dejaran listo para la hora del almuerzo. Además, quería llamar a Mauricio a Buenos Aires. Mi esposo había tenido que viajar justo en esas fechas a Argentina y no había podido conversar con él desde que salí de Miami. Habíamos estado jugando al gato y al ratón, dejándonos mensajes en los teléfonos celulares, pero aún no habíamos tenido la oportunidad de conversar. Por fin pude localizarlo en casa de su hermano Guillermo y estuvimos hablando por más de una hora, contándome el reencuentro con sus padres, sus hermanos, sus amigos y, sobre todo, su futbol. Haciendo un hueco en su apretada agenda, el día anterior había podido regresar a La bombonera, el estadio de Boca Juniors, para ver en vivo a su más que amado equipo.

Llegado el mediodía, fui con Claudia y Julián al Essex House, el hotel donde tendría lugar el almuerzo y la entrega de los reconocimientos de la Academia Nacional. Aunque no estaban invitados al almuerzo, iban a tomar las imágenes del acto para enviarlas a Miami y hacer un reportaje. Al entrar en el salón, a los primeros que saludé fue a Joe Peyronnin, nuestro vicepresidente de noticias, y a Berta Castaner, la productora ejecutiva de Noticiero Telemundo. Créanme, ninguna de las alfombras rojas por las que he desfilado podría compararse con la emoción de saludar a esos baluartes del periodismo, los cuales, desde niña, habían sido mis ídolos. Joe tuvo la gentileza de presentarme a Dan Rather, presentador y editor en jefe de los programas CBS Evening News y 60 minutes, y no recuerdo exactamente quién me presentó después a Peter Jennings, presentador y *senior editor* de World News Tonight.

En nuestra mesa estábamos sentados Peter López, Pablo Iacub, Osvaldo Agudelo, José Díaz Balart, Berta Castaner, Joe Peyronnin, Diana Maldonado, Isolda Peguero, Pedro Sevsec y una servidora. Mientras almorzábamos, el presidente de la Academia, Peter O. Price, recordaba el horror vivido ese 11 de septiembre y los días posteriores a los ataques y manifestaba su orgullo, en su primer año como presidente, de ser parte de este reconocimiento a todos aquellos que participamos en las coberturas especiales de noticias. Tras él, subieron al podio algunos compañeros en representación de los diferentes canales de noticias reconocidos. Por parte de nuestra cadena le tocó el honor a Joe, nuestro vicepresidente, quien habló especialmente del esfuerzo de todos y cada uno de los que participamos en la cobertura y de los momentos más emotivos que vivimos juntos por más de una semana.

Otro de los momentos más impresionantes fue mi conversación con Tom Brokaw, el presentador y editor en jefe de NBC Nightly News, a quien felicité por el maravilloso artículo que escribió para la ocasión en la revista conmemorativa de la Academia y que se titulaba: "Mantener la concentración en una tormenta de confusión". Recuerdo que había una frase que por encima de todas me había llamado la atención y que decía: "El periodismo puede ser una profesión dura y directa, pero siempre es más efectiva cuando no está temerosa de tener o dar un toque humano y personal".

Al terminar la ceremonia, con la famosa figurita entre nuestras manos, como se dice, "posamos para la posteridad", y antes de irme pasé a saludar a un excelente compañero de la competencia y uno de los mejores periodistas que he conocido desde que llegué a este país: Jorge Ramos, presentador del informativo principal de Univisión. Cuando llegué a Miami me impactó la sencillez y el carisma de Jorge ante la cámara, alejado de la prepotencia e improvisación que a veces se ve en nuestras pantallas. Poco después, cuando tuve la oportunidad de conocerlo y en las veces sucesivas que nos hemos encontrado, he podido confirmar su calidad profesional y humana, que lo sitúan a la cabeza del periodismo hispano en Estados Unidos. Estuvimos conversando y tuve la oportunidad de conocer también a Alina Falcón, entonces directora del área de noticias de Univisión, quien tuvo la gentileza y amabilidad de acercarse para conversar.

En fin, tal vez para aquellos que no tienen mucho que ver con el periodismo o las noticias muchos de estos nombres les sean completamente desconocidos, pero al menos, a través de lo escrito y sin conocerlos, habrán sido capaces de vivir conmigo las emociones de uno de los episodios más importantes de mi carrera.

Del 9-11 al 9-11:
emotiva jornada de recuerdo

Como había ocurrido cuando se cumplieron seis meses de los ataques, en este primer aniversario la ciudad de los rascacielos amanecería como una auténtica fortaleza. Aunque nuestra cobertura especial iba a comenzar a las 7 de la mañana, todos quedamos en la recepción a las 5 a.m. para llegar sin apuros al World Trade Center, pasar los controles de seguridad y ultimar con Miami los detalles del programa. La noche anterior había quedado con Mayra Miqueli, mi maquilladora, que pasara por mi habitación a maquillarme y peinarme antes de salir del hotel. Sin embargo, después de esperarla por más de media hora, tuve que apresurarme a tomar un taxi porque si no podría encontrar problemas para llegar al edificio en el que íbamos a transmitir y donde se encontraba "el grueso" de la NBC, nuestra cadena hermana. Cuando me disponía a entrar en el coche, la pobre Mayra llegaba corriendo totalmente extenuada. Como estaba previsto, ella había salido con suficiente tiempo de su hotel, pero lamentablemente no había pedido un taxi el día anterior y, esa madrugada, llevaba más de tres cuartos de hora esperando en la calle. Una calle más desierta de lo habitual en Manhattan y más poblada que nunca en el lugar donde un día se levantaron las torres.

Al llegar al World Trade Center y tras pasar todos los controles, tomamos el ascensor hasta la azotea. El lugar no podía ser mejor para una transmisión de estas características. Justo a nuestras espaldas se encontraba el imponente agujero que un día fuera el cimiento de las torres y del que teníamos una vista excepcional. Como era de esperar, NBC tenía uno de los pisos habilitados como todo un departamento de prensa, con maquilladoras, *catering* para servir desayuno y diferentes platos y bebidas durante la transmisión, faxes, teléfonos y computadoras. El olor, un año después, seguía siendo el mismo. Si cerrabas los ojos por un momento podías viajar en el tiempo y vivir la angustia de aquellos que lograron escapar a la muerte y ser testigos de la tragedia. El olor a humo impregnado en cada rincón del edificio, los desperfectos, la destrucción a nuestro alrededor, los trocitos de papel, el polvo... era mejor abrir los ojos y despertar de la pesadilla. Junto con Mayra, nos dirigimos a la improvisada sala de prensa para que me maquillara lo antes posible y estuviera lista con tiempo suficiente para dar comienzo a nuestra cobertura. Gracias a su excelente calidad como maquilladora y los años que llevaba maquillándome, conociendo mi cara y mis gustos a la perfección, Mayra logró recuperar con creces el tiempo perdido.

Después de leer las últimas informaciones, probar con el control de Miami el audio y el micrófono y saludar a Rafa y al resto de los compañeros del programa, comenzamos "Nunca olvidaremos" a las 7 de la mañana en punto. Despuntando ya el día y con una luz y un viento fuera de lo común, Pedro y yo abrimos nuestra cobertura saludando y mostrando esa vista fantasmagórica de la Zona Cero, curiosamente repleta de gente. El acceso prioritario al lugar estaba destinado a los familiares de las víctimas, aunque también se había permitido la presencia de cuantos neoyorquinos cupieran en el espacio habilitado. Por eso, desde la noche anterior, había auténticas procesiones de gente para entrar en el área. Además, en todos los puentes de la ciudad y edificios públicos podían verse las banderas ondear a media asta y otras tantas, de mayor tamaño, desplegadas desafiantes desde los edificios colindantes.

El recuerdo de las víctimas iba a ser el principal acto de homenaje; no podía ser de otra manera. Un año después aún no habían podido ser identificados los restos de más de mil doscientos muertos, sin contar con todos aquellos que jamás podrían ser identificados simplemente porque habían desaparecido sin dejar un solo rastro o algo que los pudiera identificar. La lectura de los nombres de los fallecidos por parte de los 200 invitados iba a convertirse nuevamente en el acto central de la conmemoración, en un ambiente cargado de dolor y emotividad y en donde no habría discursos oficiales. También en esta ocasión los niños, los más pequeños, muchos de ellos con familiares entre las víctimas, tendrían un lugar muy especial en el homenaje, serían parte de los encargados de leer algunos de esos nombres. A las 8:10 de la mañana saludamos a José Díaz Balart, que se había trasladado para la ocasión al Pentágono, en Washington, y recordamos el momento en que él, al igual que yo, absolutamente conmocionados, mostrábamos a nuestros televidentes el impacto de uno de los aviones contra las torres. Tras conversar con él, de inmediato, volvimos a Nueva York para comentar la entrada del cuerpo de gaiteros y tambores a la Zona Cero, después de haber salido divididos en cinco grupos, desde cada uno de los sectores neoyorquinos para confluir donde un día se encontraban los colosos. Los desfiles, en los que participaban más de cuatrocientos miembros de la policía, los bomberos y otros organismos municipales, eran una muestra de reconocimiento a todos aquellos que ayudaron a la rápida evacuación del área y que salvaron a más de veinticinco mil personas. En un emocionante mensaje a todos sus conciudadanos, el alcalde de la ciudad de Nueva York, Michael Bloomberg, había pedido a los neoyorquinos que, aun siendo un día laboral, guardasen unos momentos de reflexión para los minutos exactos en los que los aviones chocaron contra las torres y éstas se derrumbaron.

Precisamente, y haciéndose eco de la petición, a las 8:46 a.m., el momento exacto en que el primer avión impactó la Torre Norte, todos guardamos un minuto de silencio. El mismo minuto de silencio que guardaron millones de personas en todos los rincones de Estados Unidos, y el mismo que el presidente Bush hacía en la Casa Blanca, en Washington, para después trasladarse al Pentágono, para recordar allí a las víctimas del ataque. En su apretada agenda para ese día, horas más tarde el presidente volaría a Pensilvania para colocar una corona de flores en el condado de Somerset, lugar en el que se estrelló el cuarto avión secuestrado, que los terroristas tenían pensado utilizar contra la Casa Blanca o el Capitolio... y al finalizar el día se trasladaría a Nueva York, donde participaría en un acto de más de 90 países recordando a las víctimas en el preciso lugar donde se alzaban las torres, terminando su jornada con un discurso a la nación.

Pero regresando a nuestra cobertura desde Nueva York, quisiera compartir con ustedes algo que jamás se borrará de la mente de los presentes en esa ceremonia de recordación en la Zona Cero. Algo casi inexplicable, demasiado espiritual, emotivo: justo en el instante en que terminaba el minuto de silencio y comenzaban a dar lectura a los nombres de los fallecidos, de repente, según avanzaban con los nombres de las víctimas, el aire comenzó a soplar con más y más fuerza... tan potente como para levantar una nube de arena, una especie de remolino a nuestras espaldas en el lugar exacto en que se estaban depositando las rosas por los caídos... tan fuerte como para llevarse una mesa de nuestros compañeros de NBC con tres monitores y demás equipo... y tan impresionante como para dejarnos a todos boquiabiertos y pedir a nuestros camarógrafos que grabaran y sirvieran de testigos de lo que estaba ocurriendo. Créanme que éramos más de cien compañeros de los diferentes medios en esa azotea y ninguno de nosotros alcanzábamos a entender la casualidad de lo que estaba ocurriendo ante nuestros ojos. ¿Casualidad?... Tal vez... Quizá el viento sopló así ese día por cuestiones meteorológicas no anunciadas ni previstas, pero fue en el momento exacto en que se daba lectura a los nombres y como manifestando la presencia de tantas almas que un año atrás quedaron para siempre en ese lugar. Recuerdo que Pedro interrumpió lo que estábamos haciendo y le pidió a Julián que, con la cámara de mano, se acercara a la barandilla de la azotea para mostrar lo que nosotros veíamos; mientras Claudia sujetaba con fuerza mi silla, anclada ya con bolsas de arena para evitar que me cayera.

Durante toda la mañana, ese mismo viento sopló con la violencia del que acalla la voz para ser por siempre silenciado. Otros minutos de silencio se repitieron, coincidiendo con el momento del impacto del segundo avión sobre la Torre Sur, con el derrumbe de los dos colosos y con los impactos de los otros dos aviones en el Pentágono y en Pensilvania, mientras las campanas redoblaban en el firmamento.

En Nueva York, la ceremonia estuvo encabezada por el gobernador del estado, George Pataki, el alcalde Bloomberg y el ex alcalde Giuliani, quien ejercía el cargo cuando se produjeron los ataques. En el Pentágono, el presidente George W. Bush y el secretario de Defensa Donald Rumsfeld fueron los encargados de los actos en recuerdo de las víctimas, mientras que en Shanksville, la zona rural de Pensilvania donde cayó el cuarto avión, Tom Ridge, el director de Seguridad Nacional, encabezaba la ceremonia.

Pero además de estos actos oficiales, lo más impresionante de ese día fueron los cientos de actos similares, conciertos y vigilias en parques, iglesias y otros sitios en todo el país. El respeto, el orgullo, la esperanza y, lamentablemente, el miedo. Un miedo que nos llevó por unos instantes a quedar paralizados cuando alguien miró al cielo y vio aparecer un avión sobrevolando el área, en un espacio totalmente restringido. Fueron sólo instantes, pero suficientes para no apartar nuestra vista del aparato hasta que desapareció entre las nubes. Hay que recordar que estas ceremonias se estaban llevando a cabo en medio de un estado de alerta en todo el país, donde los misiles antiaéreos habían sido desplegados alrededor de Washington y donde el FBI y la Oficina de Seguridad Interior, junto a otras agencias de inteligencia, estaban trabajando de manera coordinada para evitar nuevos ataques.

Casi al momento de finalizar nuestra cobertura, que se llevó a cabo por más de cuatro horas, y mientras seguía en la azotea, ya que Pedro se había marchado antes, pude percatarme de la presencia de la ex primera dama y actual senadora por Nueva York, Hillary Clinton, entre una nube de colaboradores y miembros de seguridad. Como imaginarán, no podía perder la oportunidad de conversar con ella y tratar de ponerla en vivo y en directo ante nuestras cámaras. Claudia, que ese día realizó un trabajo más que excepcional, se aproximó a ella justo en el instante en que pasaba a nuestro lado y justo en el momento en que yo le pedía que tuviera la gentileza de conversar conmigo por unos instantes. Curiosamente, la señora Clinton no sólo se acercó, sino que tuvimos la oportunidad de conversar bastante sobre España, sobre mi admiración por ella como mujer de gran potencial e inteligencia y después, ya en plena entrevista, sobre su papel en la reconstrucción de la ciudad, en la recuperación del espíritu de los neoyorquinos y sobre sus planes políticos.

Tengo que reconocer que de todos los políticos que tuve la oportunidad de entrevistar en esos días, el gobernador Pataki, el ex alcalde Giuliani, el actual alcalde Michael Bloomberg y otras autoridades representativas de ese 11 de septiembre, ese encuentro con Hillary Clinton me fascinó. Al conversar con la ex primera dama de Estados Unidos, pude confirmar los conceptos que tenía sobre ella. Esa mujer de pequeño tamaño tenía la capacidad de crecer ante la gente por su elocuencia, carisma e inteligencia, que la convertían en un modelo para todas las que consideramos que por encima de la belleza hay que cultivar la inteligencia.

Concluida la entrevista, finalizaba también nuestra cobertura especial para el *network*, quedándome sólo para enlazar con el otro informativo que presento junto a Rogelio Mora, Hoy en América, y dar testimonio de lo que ocurría a mis espaldas y de todo lo que había pasado desde las primeras horas de la mañana en ese lugar que, por esas horas, comenzaba a recuperar la tranquilidad, sosegándose el impresionante viento y cesando el repique de las campanas.

Una herida que no sana

En medio de ese clima de recuerdos, nostalgia y lágrimas, un año después nadie podía obviar un dolor añadido. Si ya de por sí es terrible perder a un ser querido, para muchas familias resultaba más terrible no tener un cuerpo al cual velar, al cual dar sepultura... éstas aún mantenían la esperanza de que un día sus familiares pudieran aparecer sanos y salvos, y así despertar de la pesadilla de haberlos visto partir sin regresar.

Lamentablemente, esas mismas familias aún tendrán que esperar mucho tiempo, quizá para siempre, antes de poder enterrar a sus seres queridos y cerrar de esa manera la herida que se abrió ese 11 de septiembre. Los restos mortales de más de un millar de víctimas que no han sido identificados tendrán que esperar depositados en algún lugar especial en espera de una tecnología más avanzada. Por desgracia, los investigadores aún no han logrado identificar más de 13 mil osamentas, pedazos de cuerpo, debido a que en muchos casos el ADN o código genético que identifica a cada individuo estaba muy dañado. La oficina forense de Nueva York ha previsto someter esos restos a un proceso lento de secado, y después sellarlos al vacío, de forma individual, en bolsas opacas.

Desde ocurrida la tragedia, a más de un año, tres empresas especializadas en ADN están trabajando contrarreloj para aliviar el sufrimiento de los familiares de las víctimas, pidiéndoles de forma exhaustiva que colaboren para recolectar cualquier objeto (cepillos de dientes, peines, cuchillas de afeitar, etc.) que les permita extraer una muestra de material genético. Sin embargo, hay varios motivos para la demora en la identificación de estas personas. En primer lugar, la cantidad inmensa de restos humanos (miembros desmembrados, pelos, huesos, dentaduras, músculos) esparcidos por el área y que en muchas ocasiones duplicaban la información obtenida por los investigadores, ya que se trataba de diferentes restos de una misma persona, y en segundo lugar las dificultades para identificar a otras víctimas por las altas temperaturas registradas en el interior de las torres en el momento del impacto y en el posterior derrumbe. Las temperaturas eran tan altas que la mayoría murieron calcinados y en ese estado la identificación es prácticamente imposible. Supuestamente, y según apuntan los expertos, para poder obtener el material genético de las muestras es imprescindible que estén en estado de refrigeración. Normalmente, el ADN nuclear se extrae del núcleo de los restos, pero éste es más vulnerable y se degrada con más facilidad, aunque para otros casos se puede examinar el llamado ADN mitocondrial, que como el mismo nombre indica se extrae de las mitocondrias y es mucho más estable y de mejor conservación, y es el que se usa para identificar el polvo de los huesos, por ejemplo, de restos de la antigüedad.

Pero la pregunta que vendría a continuación sería cómo separar el polvo o ceniza de una persona del polvo o ceniza de otras, si quedaron todos mezclados entre los propios materiales del edificio. Lamentablemente, muchas familias jamás tendrán la oportunidad de confirmar con certeza la muerte de sus seres queridos. Otros, aún hoy siguen tratando de borrar el horror de enfrentarse a lo que los investigadores aseguraban que era parte de sus seres queridos.

A este respecto, nunca olvidaré un caso que conocí precisamente cuando estuve en Nueva York para ese primer aniversario. Era el de una mujer que como otras muchas tuvo que sufrir en carne propia el doloroso trance de recuperar los restos de su esposo.

En la tarde del 25 de septiembre, 14 días después de los brutales ataques, Nicole Petrocelli se encontraba en la ducha cuando el timbre de su casa sonó dos veces. Mientras agarraba una toalla, el timbre siguió sonando, hasta que movida por la curiosidad se aproximó al balcón de su habitación, desde donde alcanzó a ver un par de pantalones grisáceos frente a la puerta de su casa en Staten Island. Su peor pesadilla acababa de comenzar. En efecto, y como se temía, eran dos detectives que deseaban comunicarle que el cuerpo de Mark, su esposo, había sido encontrado. Lamentablemente, ésa era toda la información de la que disponían, por lo que le facilitaron un número telefónico para que obtuviera todos los detalles que precisara. Cansada de llamar y sin que le dijeran nada más, Nicole decidió ir por su cuenta al lugar donde se centralizaban las labores de identificación de los cadáveres que las cuadrillas de rescate iban encontrando en su labor de desescombro. Desgraciadamente, lo que los trabajadores habían encontrado no se podía llamar específicamente el cuerpo de Mark. Se trataba de una parte de su mandíbula con algunos dientes. Sirvió para confirmar oficialmente su muerte, pero no para silenciar el dolor. A mediados de octubre, Petrocelli recibió otra dantesca llamada de la oficina forense informándole que su equipo había encontrado el torso de su esposo. Una descripción bastante optimista para lo que realmente habían encontrado, parte de su cadera derecha, algunas costillas y su mano derecha. Y esto, créanme que no fue lo peor, porque como en otros muchos casos Nicole recibió una tercera llamada en noviembre avisándole que más restos de Mark habían sido identificados, esta vez partes del esqueleto y algunos músculos. En marzo, y después de varios meses de pesadillas, pidió una cita con el equipo forense. Mientras compartían el expediente de su esposo pudo leer textualmente: "fuerte olor a combustible", lo que le hizo preguntar al doctor por el significado. Cabizbajo, el forense le comentó que Mark posiblemente había sido lanzado del edificio por la violencia de la explosión y que con casi total seguridad habría muerto de forma instantánea. Nicole le agradeció su sinceridad y cuando comenzaba a sentir el alivio de que su esposo posiblemente no hubiera sufrido, al día siguiente recibió una nueva llamada para comunicarle que el equipo forense había identificado más músculos, el pie derecho y, para su consuelo, como ella misma aseguraba, su corazón. Un hecho que para ella y pasado el tiempo significaba que Mark le entregaba su corazón como señal del amor que le profesaba.

Finalmente, el 10 de agosto, Nicole enterraba los restos de su esposo, poniendo de esa manera fin al peor capítulo del libro de su vida. Un capítulo que nunca jamás, por más años que pasen, podrá borrar de su memoria.

La Zona Cero será por siempre el recuerdo de ese 11 de septiembre. Las frustraciones de todos aquellos que guardaron para siempre lo que no pudieron decir esa mañana en la que sus seres queridos dejaron sus hogares como un día normal sin saber que jamás volverían a verlos. Las frustraciones por los besos no dados, por los "te quiero" no dichos, por las vidas a medio vivir, por los recuerdos, porque al tiempo no se le puede dar marcha atrás... Muchas familias desean que ese lugar donde un día se levantaron las torres sea un lugar para honrar la vida de todos aquellos que murieron. Más un lugar de esparcimiento, de música, de amor, que un nuevo centro mundial del comercio. Una petición especial que están tomando en cuenta las autoridades encargadas de la reconstrucción de la zona a la hora de elegir el proyecto que sustituirá a los colosos y del que más adelante les hablaré a profundidad.

Mientras tanto, y a la espera de que se concrete la ayuda a las familias de las víctimas, muchas viudas de ese 11 de septiembre han decidido mitigar su dolor colaborando con los diferentes grupos de apoyo, como el de las viudas de los bomberos que se reúnen desde entonces todos los jueves por la noche y donde, según sus propias palabras, les consuela saber que el dolor que están sufriendo no es el único.

6

TIEMPOS DE GUERRA

Irak en la mira, un enemigo del pasado

En los días siguientes a ese primer aniversario de los ataques terroristas, y mientras el presidente George W. Bush parecía decidido a emprender acciones militares contra el régimen de Saddam Hussein en Irak, muchos nos preguntábamos por qué el empeño de señalar con el dedo, justo en estos momentos, a un enemigo del pasado. Por qué Bush hijo parece empeñado en terminar la labor que su padre dejó inconclusa, aunque le falten aliados, no haya invasión a Kuwait de por medio y los propios asesores de su padre le recomienden prudencia.

Irak invadió Kuwait el 2 de agosto de 1990, motivando la condena unánime e inmediata de 14 de los 15 miembros del Consejo de Seguridad de la ONU (Yemen votó en contra) y más de 10 resoluciones de este organismo contra Bagdad. Es decir, debido a la invasión Estados Unidos lograba el apoyo inmediato de la comunidad internacional para aplicar las medidas correctivas pertinentes, las cuales dieron lugar a la guerra del Golfo Pérsico en 1991. Sin embargo, en esta ocasión, ¿podría la ausencia de una causa determinada y documentada detener a Estados Unidos en su intento de atacar a Irak? Por lo que parece, diríamos que NO.

Lo cierto es que Saddam Hussein nunca dejó de estar en la agenda de Washington. Además, por si en algún momento pareció que lo dejaba de estar, dos hechos trascendentales vinieron a añadir más pólvora al rifle. Por un lado, la llegada de los republicanos al gobierno llenaba la nueva administración Bush de funcionarios relacionados con la Guerra del Golfo emprendida por su padre. Por el otro, después del brutal atentado del 11 de septiembre de 2001 se había generado una nueva doctrina estadounidense de acción preventiva y anticipada en vez de reactiva. A esto tenemos que agregar la nueva perspectiva sobre la que se sostenía la sospecha de que Irak podría estar produciendo armas de destrucción masiva de las que podían apoderarse los terroristas internacionales y sobre la que había que actuar con firmeza "con acciones inmediatas y contundentes".

Así pues, bajo estas medidas "preventivas", Irak volvía a situarse en la mira de Estados Unidos, siendo bastante improbable que la comunidad internacional, aun siendo contraria a un ataque preventivo, consiga evitar que Bush cumpla su amenaza. Si se lanzaron bombas en 1991 porque Saddam no quiso retirar sus tropas de Kuwait, ¿por qué no atacar ahora Bagdad si se niega a aceptar el ingreso de los inspectores de armas de las Naciones Unidas? El argumento podría haberle servido al gobierno de Bush como justificación de no ser por la última jugada diplomática de Hussein, en la que expresaba su decisión de permitir el ingreso de los inspectores de armas sin condiciones ni restricciones. Lo que motivaba una reacción inmediata de la Casa Blanca al implicar que Saddam Hussein no era un líder confiable, el cual había atentado contra su propio pueblo y que ese juego diplomático ya lo había jugado en el pasado.

Así pues, ni siquiera la aceptación del régimen de Bagdad de la presencia en su territorio de los inspectores perfilaba o garantizaba un desenlace pacífico, así como tampoco el informe de 12 mil páginas que entregara el 7 de diciembre, en el plazo fijado por la ONU, asegurando que no poseía armas de destrucción masiva y facilitando una relación detallada de su programa de armamento y de sus instalaciones militares. Como tampoco parecía servir de mucho la falta de aliados, muy diferente a lo ocurrido en la guerra contra este mismo país en 1991.

Es preciso recordar que desde la resolución 661 del Consejo de Seguridad de las Naciones Unidas, que decretaba a partir del 6 de agosto de 1990 el embargo total sobre Irak, hasta la resolución 678 aprobada el 29 del mismo año, que fijaba el 15 de enero de 1991 como fecha para la retirada de las tropas invasoras, Estados Unidos había ido construyendo una amplia red de aliados que dieron incluso como fruto que Arabia Saudí pudiera servir de base aérea para los aviones estadounidenses y que soldados turcos, egipcios, sirios y árabes pudieran, junto a tropas europeas, sumarse a la incursión armada. Una situación muy distante a la de 12 años después, en que países como Francia, Alemania, Canadá, Rusia o China se oponen a una solución armada al conflicto mientras que no se agoten todas las vías diplomáticas y hasta que ese ataque no sea decidido por el propio Consejo de Seguridad de la ONU. La pregunta entonces fue si Estados Unidos podría ir a la guerra sin el consentimiento de Naciones Unidas. Algo, lamentablemente, bastante probable en aquel momento y absolutamente cierto en el presente. Si hacemos un poco de memoria, recordaremos que a partir de la Resolución sobre Poderes de Guerra de 1973 el presidente de Estados Unidos puede declarar unilateralmente una guerra y actuar así durante 60 días, y en excepciones durante 90, después de cuyo plazo necesita el permiso de los congresistas para continuar el conflicto.

En la anterior Guerra del Golfo, en 1990, Bush padre proclamó que tenía la autoridad necesaria para comenzar una guerra contra Irak, aunque pidió a las dos cámaras que suscribieran una declaración de guerra para demostrar que no existían diferencias en el apoyo a los soldados. El Senado aprobó la guerra por 52 votos a favor y 47 en contra, y la Cámara de Representantes la aprobó por 250 a 183. Una situación muy diferente a la del año 2003, en la que no sólo en el frente demócrata hay abiertas diferencias para ir a la guerra, sino que también dentro de las propias filas republicanas. A ese respecto, la revista *Time* publicó un artículo el 11 de agosto, firmado por Michael Duffi, en el que se hablaba de dos bandos dentro del gobierno de Bush. Por un lado y en contra de los ataques, estaría, según *Time*, un grupo de militares encabezado por el secretario de Estado, Colin Powell, junto al Comando Conjunto del Estado Mayor. Y por otro y a favor de la guerra, Donald Rumsfeld y su adjunto Paul Wolfowitz, del que el vicepresidente Dick Cheney estaría a la cabeza como "guía espiritual", según la revista.

Así pues, a pesar de la falta de aliados para entrar en el conflicto, la falta de una invasión que lo pudiera justificar, la falta de argumentos creíbles para entrar en la guerra y las divisiones internas dentro de su gobierno, Bush seguía teniendo más de 3 mil muertos ese trágico 11 de septiembre para "en nombre de los que murieron" abalar y sacar adelante su guerra contra Irak. Una razón más que poderosa para pensar que el destino de Irak y su régimen pendían de un hilo, sobre todo si se tiene en cuenta que a la población estadounidense se le ha bombardeado con la idea de que este país es "un eje del mal" y, por tanto, un objetivo anti-terrorista.

Pero sería también justo destacar que los años de guerra y el prolongado embargo han dejado, según datos ofrecidos por el Programa de las Naciones Unidas para el desarrollo, a la mitad de los 18 millones de iraquíes sumidos en la pobreza, subsistiendo con menos de diez dólares al mes por familia, donde sólo 44 por ciento de la población tiene acceso a los servicios básicos frente a 92 por ciento en 1990, antes de la primera Guerra del Golfo. Por si eso fuera poco, 5 mil niños menores de cinco años mueren mensualmente y casi la totalidad de la población infantil se encuentra en estado de desnutrición. Más de la mitad de las fábricas están cerradas y las que operan lo hacen a menos de 12 por ciento de su capacidad. Una trágica situación, no para Saddam Hussein y sus secuaces, quienes nunca han dejado de vivir como reyes, sino para un pueblo cuyo único pecado fue padecer un régimen dictatorial y nefasto emprendido por Hussein y el centro de las ambiciones de Washington.

A este respecto, no puedo dejar de mencionar a mi amiga Mayca y a su amado esposo Miguel Ángel. A ambos tuve la fortuna de conocerlos mientras Miguel Ángel, diplomático de carrera, se desempeñaba como vicecónsul de España. Desde el momento en que nos presentaron, Mayca y yo conectamos como si nos conociéramos de siempre, dando pie a una amistad que hoy en día y a pesar de la distancia ha sido una de las más sinceras e importantes de mi vida. Después de más de dos años juntos en Miami, Miguel Ángel pidió ser destinado a Irak, donde se había abierto una plaza y donde, según su carácter, amable, servicial y sumamente inteligente, creía que podría hacer algo para ayudar a tanta gente que sufría. Miguel Ángel siempre amó la libertad, así que de más está decir que odiaba el régimen dictatorial de Saddam Hussein y las aberraciones cometidas contra su propio pueblo. Sin embargo, al lado del que sufría, entendía que el pueblo en su mayoría sólo era una víctima. Mayca se quedó en Madrid poniendo en orden todo lo concerniente a la casa y al colegio de Lara, su preciosa hija, mientras que Miguel Ángel en Bagdad preparaba todo para la llegada de su familia. En aquel tiempo, y a pesar del peligro, Miguel Ángel quería tomarle el pulso a la ciudad, a los mercadillos, a la gente… su mayor sueño era que todos sus amigos pudieran ir a visitarlos un día y viajar a todos esos lugares hermosos que tiene Irak y de los que nadie habla. Desgraciadamente, esos sueños no se pudieron hacer realidad. En lo mejor de su vida, feliz con su trabajo y más dichoso que nunca en su matrimonio, Miguel Ángel murió en un accidente automovilístico al llevar la cartera diplomática de Bagdad a Amán, la capital jordana, ya que durante la época del embargo no había vuelos en Irak. A mi amiga le avisaron del accidente y le comentaron que Miguel Ángel estaba herido en una especie de hospital o clínica rural a la mitad de la ruta. Poco después, le confirmaban la triste noticia. Miguel Ángel tuvo tiempo de rezarle a la Virgen y, de esta forma, con las manos cruzadas, le encontraron fuera del vehículo. Si cualquier trance de estas características es duro, no imaginan lo que fueron los días siguientes. Para la repatriación del cuerpo se necesitaban los permisos y la autopsia para determinar la verdadera causa de la muerte. Permisos del gobierno iraquí y los permisos que necesitaba España. Además, la falta de aire acondicionado y las largas travesías por carretera que a consecuencia de la situación de Irak debían hacerse por carretera y en deplorables condiciones. Cuando casi una semana después Miguel Ángel llegó a España, mi amiga entendió que algo le uniría por siempre a ese pueblo. La esperanza de un cambio y su compromiso con los más necesitados. Así fue como Mayca, que ya había visitado este lugar en su primer viaje a Bagdad, quiso ayudar a la Casa de las Hermanas de la Madre Teresa de Calcuta, en el centro de la ciudad, donde cuatro o cinco monjitas ayudaban a una treintena de pequeños a paliar el hambre y las enfermedades. A partir de entonces, siempre intentaba hacer llegar medicinas y alimentos no perecederos, hasta el momento en que se declaró la nueva guerra, que como saben masacró a la población civil y, sobre todo, a los más inocentes: los niños.

Hans von Sponeck, coordinador humanitario de Naciones Unidas en Irak entre 1998 y 2000, aseguraba que "el mundo se enfrenta a una descomunal campaña de desinformación y confusión informativa contra Irak. Estados Unidos ha sedado a la opinión pública afirmando que Irak usará, en una especie de locura homicida, armas de destrucción masiva contra todo el mundo. De esto no ofrece pruebas, y eso es un acto de irresponsabilidad. Una guerra contra Irak basada en una mera conjetura es políticamente una locura y moralmente una acción repugnante. El Departamento de Defensa de Estados Unidos y la CIA saben bien que el mísero Irak de hoy sólo puede amenazar a su propio pueblo. Argumentar lo contrario es sencillamente deshonesto. Además, habría que plantearse por qué, después de la primera Guerra del Golfo en 1991, si Irak se convirtió en uno de los lugares más vigilados del planeta, con tecnología satelital sobre su territorio, continuas inspecciones de UNSCAM, interrumpidas por lo que Irak calificó injerencias de estado, y agentes de la CIA operando dentro del propio territorio, seguía habiendo dudas de la supuesta existencia de esas armas. ¿Cuánto dinero se gastaron en vigilar y qué falló para no darse cuenta antes y aseverar ahora la existencia de estas armas?"

Más adelante se darán cuenta cómo estas preguntas que todos nos hacíamos cuando Irak estaba en la mira siguen siendo, después de una guerra donde han muerto civiles y más de 500 soldados estadounidenses, la gran incógnita a resolver. Una incógnita que en forma de pelota y de uno a otro lado nadie sabe o se atreve a contestar.

La comunidad internacional cuestiona el uso de la fuerza contra Irak

Pasaban los días y cada vez con mas fuerza se escuchaban en el horizonte los tambores de guerra contra Irak. A pesar de los esfuerzos de la comunidad internacional por acallarlos, esos vientos de guerra comenzaban a crear una división de posiciones entre los que defendían la contienda y quienes consideraban que no había pruebas suficientes para atacar a ese país, y que por tanto las diferencias podían saldarse a través de la vía diplomática. La amenaza del gigante distanciaba a Estados Unidos del eje constituido por Francia y Alemania y, al mismo tiempo, producía una fisura en la Unión Europea, donde no sólo Gran Bretaña, sino además España y otros países, se alineaban con Washington.

El fracaso de la operación militar realizada a fines de 2001 en Afganistán (recordemos que el objetivo principal de la contienda era acabar con Al Qaeda y Osama Bin Laden) había contado con el aval internacional, pero entrar en una guerra con Irak sin pruebas concretas y sin poder demostrar la existencia de armas de destrucción masiva que amenazaran al mundo, eso era harina de otro costal. Muchos de los países opuestos a la guerra, antiguos aliados de Washington, y algunos analistas internacionales como Howar Zinn, escritor de libros como *El terrorismo y la guerra*, o John Ikenberry, *America's Imperial Ambition*, veían con cierta preocupación los verdaderos motivos de Estados Unidos para implicarse en este enfrentamiento de consecuencias insospechables.

Según Zinn, hay varios factores que determinarían el interés de Bush por derrocar el régimen de Saddam Hussein: "Además de la mala economía estadounidense, hay un cierto descontento en la sociedad de este país con los bombardeos a Afganistán, con la continua guerra, con el hecho de que no se sabe el paradero certero de Osama Bin Laden y el poco progreso de paz en el Medio Oriente".

Según otros, el conflicto con Irak podría verse bajo la clave del petróleo. Irak es el segundo país con mayores reservas de petróleo en el mundo, tan sólo superadas por Arabia Saudí, país que hasta el momento ha sido el gran aliado de Estados Unidos en la zona. Para que se hagan una idea, las cifras sitúan las reservas iraquíes en nada menos que 112 mil millones de barriles, un número que además podría llegar a duplicarse si se aplicaran las nuevas tecnologías estadounidenses de explotación. Arabia Saudí es el eje principal de la OPEP, no sólo por sus reservas sino también por su capacidad de producción, así que no es difícil imaginar que Estados Unidos no podía arriesgarse a depender sólo de ellos. El crudo es mucho más barato en esta área, estamos hablando de un dólar y medio frente a los casi 14 que cuesta en el Golfo de México, por lo que las compañías petroleras tenían más de un motivo para intentar repartirse el pastel de los yacimientos iraquíes. Los gigantes americanos no poseían hasta entonces ninguno de estos pozos, pero ¿cuántos piensan ustedes que poseerán un año después de la guerra? El control directo de Estados Unidos sobre el petróleo iraquí no sólo pondría en manos americanas la venta del crudo y la revisión de sus campos, sino que, además, pondría al gobierno de Estados Unidos en condiciones de influir sobre el precio del petróleo mediante la determinación de cuánto crudo se extraería en cada momento al mercado y aseguraría la posición del dólar como divisa de pago en las compras de petróleo por parte de otros países. Pero si queremos ir un poco más allá en este espinoso tema, habría que comentar también lo que destacaba el diario alemán *Die Zeit* cuando aseguraba que "a los países de la región del Golfo Pérsico, políticamente tan sensibles, se les viene por sí sólo a las manos un enorme incremento de poder, ya que controlan 78 por ciento de las reservas mundiales de petróleo". Los analistas estadounidenses pensaron que podrían nivelar los costes de la guerra con la producción de crudo. Sin darse cuenta que la reconstrucción de Irak, incluyendo pozos, edificios, servicios eléctricos de agua, de energía, de comunicaciones, carreteras, escuelas, hospitales... elevaría esos números a una cifra astronómica. Por tanto, el beneficio podríamos decir que se vería a largo plazo, aunque algunos de los más cercanos colaboradores del presidente estadounidense, como Paul Wolfowitz, Lewis Lobby o el propio vicepresidente Dick Cheney, ya hayan saltado a los medios de comunicación del mundo por su vinculación con empresas petrolíferas.

El propio viceprimer ministro del Irak de entonces, Tariq Aziz, opinaba que detrás de las amenazas de Washington sólo existía un motivo: "Hacerse de su petróleo". Una definición que en boca de Aziz podría interpretarse como un intento por ganarse las simpatías de sus vecinos árabes si se reducía el deseo de atacar Irak con la excusa de quedarse con su petróleo, pero que en el resto del mundo sonaba como una de las excusas más poderosas para ir a la guerra. Pero ya que estamos analizando el "delicado y jugoso" tema del petróleo iraquí, incluso en relación a esto podemos hablar de las diferencias o reticencias para atacar Irak de varios de los países opuestos a la guerra. Como dice el refrán: "Nadie hace nada gratis", para todo tiene que existir un motivo poderoso, y para naciones como Francia, Rusia y China, oponerse a la ocupación de Irak no sólo tendría que interpretarse como un gesto de solidaridad con el pueblo iraquí y un rechazo al uso de la fuerza por falta de pruebas, sino más bien a intereses y beneficios económicos.

Si ustedes me lo permiten, es preciso que les cuente que durante la época del embargo a Irak muchas de estas naciones, ahora escandalizadas con la guerra, ya estaban pactando con Saddam Hussein el futuro de las explotaciones de crudo en Irak cuando éste llegara a su fin. De por medio había perfilados contratos muy sustanciosos. Los acuerdos entre el régimen iraquí y algunas compañías extranjeras, como la francesa Total Fina Elf, la rusa Lukoil y la China National Petroleum Company, estaban valorados en nada menos que 38 mil millones de dólares. La ocupación de Irak y la destitución del régimen de Saddam Hussein del poder dejaban esos acuerdos, como quien dice, en aguas de borraja o en papel mojado. Una razón más que poderosa para oponerse a que Estados Unidos interviniera en Irak y fuera él, después de la guerra, quien tomara la decisión sobre esos jugosos contratos. Las aspiraciones de esas compañías francesas, chinas y rusas, con la presencia de la estadounidense Exxon Mobil y Chevron Texaco, así como la holandesa Shell y la británica BP, alejaban aún más esa posibilidad de hacerse con la explotación del crudo iraquí.

Así pues, como verán, el petróleo jugaría un papel clave en la determinación de este conflicto, aunque cabe achacarlo tanto al interés estadounidense como al interés de naciones "radicalmente" contrarias al conflicto. Un hecho lamentable, mientras muchas personas en Estados Unidos manifestaban su satisfacción y solidaridad al apoyar a los jóvenes soldados enviados a lo que les decían era una lucha por devolver la libertad y democracia al pueblo iraquí", en otros lugares del mundo millones de personas salían a las calles a protestar contra una guerra que consideraban "sucia e injustificada", todo esto mientras los representantes políticos en uno y otro lado, fuera del bienestar de los iraquíes, veían el conflicto en clave de petróleo.

Pero ésa no era la única razón que esgrimían los que defendían la postura de resolver las diferencias en una mesa de negociaciones y a través del diálogo y no a través de un conflicto bélico. Además de la seguridad nacional, la amenaza contra Irak proporcionaba al gobierno de Bush una razón para aumentar los presupuestos militares y, por esa vía, los beneficios de la industria de armamentos, y le daba la oportunidad de desviar la atención del fracaso de su política económica, creando una atmósfera de crisis permanente que le ayudara a sacar adelante su propuesta política de cara a las elecciones de noviembre de 2004. Sin olvidar que al destruir lo que quedaba del poder militar de Irak se neutralizaba al rival más importante de Israel en la región (hay que recordar que siempre se acusó a Washington de mantener una política proteccionista con este país).

En todo el mundo se escucharon las voces contra la guerra y se esperaba que la Organización de las Naciones Unidas, a través del Consejo de Seguridad, pudiera poner un alto al derramamiento de sangre. Es obvio que aquí, en Estados Unidos, todos tenían todavía demasiado presente el resentimiento por el horror vivido el 11 de septiembre y, más que venganza, el ciudadano medio deseaba sentirse seguro. Un aspecto que, como comentamos, atribuía una ventaja a Bush en su camino a la guerra, pero cuando se hablaba de armas de destrucción masiva o armamentos químicos o biológicos la pregunta que muchos nos hacíamos es por qué no se extendía esta preocupación a Israel que, además de poseer estos medios y haberlos usado contra los palestinos, nadie puede poner en duda que tiene además el arsenal nuclear más importante del área.

De hecho, el mundo árabe apeló también al presidente Bush para que actuase con "sensatez, lógica y justicia". Los comentaristas árabes de la región consideraban que el parcial apoyo de Estados Unidos a Israel fue precisamente lo que condujo al surgimiento de extremistas como los autores de los brutales ataques contra el gigante, y advertían que una posible campaña militar contra Irak conduciría a radicalizar aún más las posturas. El periódico egipcio *Al Ajbar*, en un artículo de Yalal Duedar, redactor en jefe del diario, aseguraba que "la política de Estados Unidos se contradice con los principios de los derechos humanos y la justicia debido a su flagrante parcialidad a favor de los israelíes, liderados por el asesino Ariel Sharon, primer ministro israelí, pionero del terrorismo". Por su parte, el presidente de la Asociación de Periodistas egipcios, Ibrahim Nefea, en ese mismo sentido aseguraba que "Estados Unidos tiene que reconsiderar esa posición, ya que no es ecuánime e indigna al mundo árabe, incluidos sus aliados más estrechos, que Washington considera moderados". Un poco menos radicales pero en la misma línea, en Amán, el rotativo jordano *Al Rai* pidió a Estados Unidos que trabajasen para "erradicar los verdaderos motivos del terrorismo y recurrir al diálogo y no a la opción militar para solucionar los problemas internacionales".

El ministro de Relaciones Exteriores ruso, Igor Ivanov, en la misma línea que el presidente Putin, expresaba en repetidas ocasiones que "nosotros creemos que los métodos diplomáticos aún podrían proveer una solución". Un argumento que completaba el gobierno chino al asegurar que "la cuestión iraquí sólo debe resolverse en el marco de las Naciones Unidas". China mostraba con aparente firmeza su apoyo a la campaña antiterrorista emprendida por Washington, aunque se negaba a acatar sin rechistar los dictados "unilaterales de Estados Unidos". El presidente chino, Jiang Zemin, consideraba que "la comunidad internacional debe condenar siempre el terrorismo en todas sus formas, sea quien sea la víctima. El 11 de septiembre fue un acontecimiento trágico para todo el mundo". El diario oficialista *China Daily*, en lengua inglesa, se hacía eco del sentir de la comunidad internacional al afirmar que "el terrorismo nunca vencerá" y tras indicar que "la cooperación internacional es uno de los grandes logros de los últimos meses", puntualiza que "un ataque contra Irak echaría a perder la buena voluntad y el proceso de construcción de confianza que está en marcha en el mundo".

El papa Juan Pablo II también realizaba una firme condena contra el terrorismo, a la vez que reiteraba su llamamiento a la comunidad internacional para que destierre, con la justicia, "las explosiones incontrolables del deseo de venganza". Al tiempo que insistía en que "los atropellos, la violencia y la guerra son elecciones que generan sólo odio y muerte".

Los únicos países que parecían estar más dispuestos a apoyar los planes de Washington era el Reino Unido, aliado histórico de Estados Unidos, y el gobierno de José María Aznar en España, que con esta postura y justificando su apoyo a la lucha contra el terror ganaba además puntos ante los ojos de los estadounidenses.

Como se puede apreciar, las opiniones sobre esta guerra se basaban en puntos encontrados. La lucha contra el terrorismo internacional, contra el sadismo y el terror causados por unos cuantos cobardes que a escondidas golpean con la mayor de las violencias las estructuras más básicas de las sociedades, parecía ser el único punto en concordia. Sin embargo, las ansias de venganza o los intereses personales para responder a la violencia con más violencia, a la sangre con más sangre y al dolor con mayor dolor no estaban en los planes de la mayoría. Finalmente, si se aportaban las pruebas pertinentes que demostraran "la seria amenaza" que según algunos representaba Irak para el mundo, era definitivo que la comunidad internacional exigía a Estados Unidos que la opinión final la tomara el Consejo de Seguridad de Naciones Unidas, después de que el organismo en pleno tuviera la oportunidad de escuchar de los jefes de inspectores de Naciones Unidas la versión final o las pruebas sobre la verdadera existencia o no de las armas de destrucción masiva.

El papel de la ONU en tela de juicio.
Bush no necesita la aprobación del organismo

Por fin llegó el momento que tanto esperábamos. La oportunidad de escuchar el informe sobre Irak que los inspectores de armas de Naciones Unidas entregarían al Consejo de Seguridad. Después de unas navidades donde la preocupación principal se centraba en la amenaza estadounidense a Irak, el 27 de enero de 2003 finalmente podríamos escuchar el contenido del informe, absolutamente crucial para determinar la existencia de pruebas que justificaran una guerra contra Bagdad.

Y como era de esperarse, el inspector en jefe, Hans Blix, dijo que el régimen de Bagdad "había cooperado bastante bien" en lo que se refería al acceso y apoyo ofrecido a los inspectores internacionales, pero que aún no se podían despejar del todo las dudas sobre el desarme, ya que Saddam Hussein no había aceptado de forma genuina la resolución del Consejo de Seguridad para abandonar sus programas de armamento. Pero lo más reseñable era que Hans Blix nunca hizo alusión explícita a qué programas se refería o qué pruebas podían demostrar a la comunidad internacional su auténtica existencia.

Por su parte, el director de supervisión nuclear de la ONU, Mohammed El-Baradei, sí fue más explicito al indicar que hasta ese mismo día no se habían identificado actividades nucleares prohibidas en el país y sugirió más tiempo para trabajar sobre el terreno.

De inmediato, la Casa Blanca emitió un comunicado en el que exigía que Irak cooperase completamente con los inspectores y que la administración de Bush no iba a aceptar nada si no se cumplía esta exigencia y adelantaba que en breve su gobierno presentaría ante el Consejo de Seguridad las pruebas que demostrarían la presencia de estas armas en suelo iraquí y la amenaza que podrían suponer para el mundo.

Como era lógico, la respuesta no se hizo esperar del otro lado del mundo. Bagdad brindaba una conferencia de prensa en la que reiteraba que había hecho todo a su alcance para colaborar con los inspectores de armas en su territorio y aseguraba que el gobierno de Bush, a través de la comparecencia del secretario de Estado Colin Powell en Naciones Unidas el 5 de febrero, sólo mostraría "pruebas manipuladas para vender al mundo una guerra". Además, se apresuraba a solicitar la celebración de una cumbre árabe para hacer frente a las amenazas de Estados Unidos. El general Hossam Mohamed afirmó que Colin Powell sólo presentaría "imágenes por satélite y armas manipuladas que muestran vehículos u otros objetos y que pueden ser interpretados de diferentes maneras para poner en duda la palabra de Irak". Aseguraba, además, que "no se trata de pruebas reales porque no tenemos nada. No tenemos armas de destrucción masiva ni desarrollamos actividades prohibidas. Estoy cien por cien seguro que esas supuestas pruebas están manipuladas [...] Esperamos que la comunidad internacional no caiga una vez más en el chantaje estadounidense, como ya fue el caso para la adopción de la resolución 1441". Una resolución que endurecía considerablemente el régimen de inspecciones que se harían en Irak y que había sido aprobada, después de intensísimos debates, el 8 de noviembre de 2002 por unanimidad en el Consejo de Seguridad.

Como ven, hasta ese momento, la reunión no despejó demasiadas esperanzas de que Estados Unidos declinara sus intenciones de atacar a Irak. Ni la aceptación de los inspectores en su territorio, ni los argumentos de los informes de los jefes de inspectores leídos ante Naciones Unidas, ni siquiera el informe de casi 12 mil páginas que el régimen de Bagdad había entregado el 7 de diciembre, dentro del plazo indicado por la ONU, asegurando que no poseía armas de destrucción masiva. Así que, anuladas las esperanzas de un desenlace pacífico, sólo quedaba esperar la comparecencia del secretario de Estado Colin Powell ante el organismo y el nuevo viaje de los jefes de inspectores a Bagdad para traer su informe final.

Y la tan "esperada" comparecencia ante Naciones Unidas se produjo el 5 de febrero de 2003. Créanme que, al menos en nuestro canal, un momento así ante Naciones Unidas no había creado tanta expectativa desde la presentación de las pruebas del gobierno de Kennedy para justificar y probar la existencia de cabezas de misiles en Cuba que apuntaban hacia Estados Unidos. Lamentablemente, lo presentado por Powell no llegaba ni siquiera al prólogo de lo expuesto entonces. Las claras y concisas fotos presentadas ante el Consejo de Seguridad entonces no tenían nada que ver con los confusos documentos mostrados por el actual secretario de Estado estadounidense. Powell afirmaba que en 1995, y después de desmentirlo repetidas veces a lo largo de cuatro años, Irak declaró tener ocho mil quinientos litros de ántrax y que desde entonces no había dejado de fabricarlo hasta llegar a los 25 mil litros, y que en ningún informe se mencionaba su destrucción ni la de otros agentes como el gas mostaza o el neurotóxico VX, además de haber fabricado otros tantos capaces de provocar enfermedades como la peste, el tifus, el cólera o la viruela... Y acusaba a Irak de haberlos usado contra otro país y hasta contra su propio pueblo. Lo que nunca se mencionó a ese respecto es que, según documentos desclasificados de Estados Unidos a los que tuvo acceso el *Washington Post*, la Casa Blanca ayudó a Saddam

Hussein a desarrollar esas mismas armas de destrucción masiva durante la década de los ochenta para luchar contra Irán, entre las que se incluían bombas de racimo suministradas, según el diario, "a través de una compañía chilena". Anecdóticamente, en esa guerra, Irak fue apoyado por Arabia Saudí y armado por Estados Unidos e Inglaterra y, a través de licencias del Departamento del Comercio, se exportaron a Irak agentes como ántrax, botulina, histoplasma capsulatum, una enfermedad que ataca los pulmones, cerebro, corazón y médula espinal; la bacteria del tétano y otras tantos.

Sobre las vinculaciones de Irak con las redes de terrorismo internacional, entre ellas la que lideraba Osama Bin Laden, Al Qaeda, y que además eran de los principales argumentos de Bush para atacar Irak, sólo se han podido presentar supuestos. Por ejemplo, los supuestos vínculos con el Frente Nacional para la Liberación de Palestina o la presencia de Mussab Al-Zarqawi en suelo iraquí.

El último punto expuesto fue, sin lugar a dudas, el único que podía contar con el consenso internacional, ya que se trataba de las violaciones a los derechos humanos del régimen de Saddam Hussein. Un despiadado dictador, temido y odiado por la mayoría de su pueblo. Entre sus despreciables actos, Powell recordó el uso de agentes tóxicos usados por Hussein contra los propios iraquíes, así como el ataque contra los rebeldes kurdos en 1985 y las torturas, violaciones, desapariciones y limpiezas étnicas emprendidas salvajemente por él y sus hijos en su territorio.

Sin embargo, ese último punto, que es el que de una forma indiscutible podía esgrimirse como argumento, eliminar un dictador y devolver la democracia y la libertad a un pueblo, tampoco fue suficiente para convencer a la comunidad internacional, porque bajo ese prisma muchos se preguntaron por qué era tan esencial sacar precisamente a ese dictador cuando en el mundo hay otros pueblos que necesitarían con urgencia ser liberados de quienes los gobiernan de forma despótica y despiadada. Por poner sólo un ejemplo, y siguiendo esas bases, debería amenazarse a Cuba o Corea del Norte y sacar a Castro o a Kim Jong II, o al propio Zemin de China. Aunque lamentablemente y aunque de seguro estaríamos mejor sin ellos, ¿a quién le correspondería llevar a cabo semejante tarea? ¿Tendría que existir una sola potencia que emergiera como comisario o gendarme del mundo? ¿Cuál de ellas tendría la verdadera capacidad moral para sentirse con ese privilegio?... Recuerdo que un día, mientras entrevistaba a la teniente Scott Johnson del Departamento de Defensa, al poner este ejemplo, cuando acabó el programa recibí varios *mails* que se hacían la misma pregunta y uno que me llamaba poderosamente la atención porque me cuestionaba sobre mi persona, que quién era yo, que venía de un país extranjero (por cierto, igual de extranjera que el que me dirigía el escrito), para sugerir cosas como ésas. Evidentemente, y como imagino que usted ya se habrá percatado, me tomé el tiempo para explicarle que por encima de una sugerencia, Dios me valga poner a mí esa clase de "sugerencias", eran ejemplos válidos que otras muchas personas se hacían ante la justificación de Estados Unidos de iniciar una guerra para sacar a un dictador del poder y liberar a un pueblo de sus garras. Una cosa es estar agradecida con un país, que en efecto no es el mío, por darme las oportunidades que yo siempre había soñado, y otra muy diferente es estar de acuerdo y aceptar "al dedillo" cualquier cosa en la que todo el mundo pudiéramos vernos envueltos. El agradecimiento y el amor al que ahora es mi hogar no tienen que estar reñidos con poner en práctica la inteligencia y la libertad de cuestionar algunos términos, máxime cuando nos encontramos en el llamado "país de la libertad".

Pero regresemos al tema de lo acontecido en Naciones Unidas. Cuando finalmente los inspectores regresaron de Irak, donde este país les había dado la libertad de moverse a su antojo, sin restricciones, de entrevistar científicos e incluso permitir a la CIA participar en las inspecciones, Irak insistió en su inocencia. El informe final repetía las mismas conclusiones: hasta ese momento no se habían encontrado indicios de armas de destrucción masiva. ¿Qué carta le quedaba entonces a Washington para cumplir su objetivo de un enfrentamiento bélico con este país?... Realmente, si de la decisión de los miembros del Consejo de Seguridad se trataba, le quedaban pocos ases en la manga para convencerlos. En ese momento había un nuevo dato aportado por diferentes medios de comunicación en Estados Unidos y el extranjero, y era la supuesta filtración del informe final de los inspectores a Estados Unidos e Israel antes de ser entregado a la propia ONU. Además, mientras se hablaba de intentos por preservar la paz, la maquinaria bélica del gigante ya se había activado con un nuevo envío de soldados y aviones a las bases del área del golfo.

Era sólo cuestión de tiempo, de esperar el día y la hora exacta para el comienzo de los ataques.

"Objetivo Saddam".
La mayor cobertura periodística del conflicto en la televisión nacional hispana

Antes de comenzar a detallar el desarrollo de este nuevo conflicto bélico entre Estados Unidos e Irak, permítanme expresarles el orgullo de haber llevado a cabo esta increíble cobertura especial de la forma en que lo hicimos en Telemundo. Con el increíble apoyo de nuestra cadena hermana NBC, por primera vez tuvimos la oportunidad de poder cumplir todas nuestras expectativas periodísticas, con una preparación, documentación y medios nunca antes vistos en la televisión hispana de este país y con un grupo de compañeros que a través de su increíble esfuerzo, capacidad e ilusión hicieron posible nuestro objetivo de llevar a los hogares de millones de personas la información más veraz, rápida y completa de lo que ocurrió durante la guerra. Y digo veraz porque cuando viajé a Argentina y Chile en varios programas de televisión me preguntaron si de alguna forma nos habíamos visto censurados a la hora de dar alguna información o de ocultarla... Mi respuesta, con la credibilidad que creo me brindan mis más de diez años de profesión en Estados Unidos y el respeto a mis propios criterios, fue un NO rotundo. Al menos puedo asegurarles que en nuestra cadena nunca existió, mientras yo estaba presentando, esa censura para "desinformar" al televidente, sino más bien la oportunidad, a través de las distintas personalidades de los conductores que llevamos a cabo la cobertura, de ofrecer diferentes ángulos informativos. Esta aclaración es pertinente: otras cadenas de este país recibieron críticas por "vender" un aspecto irreal de la guerra.

Para la preparación de la que sería la cobertura más importante del conflicto de la televisión nacional en nuestra cadena hubo varios meses de intenso trabajo. Todos sabíamos, por el desarrollo de los acontecimientos, lo que estaba por ocurrir, y a petición expresa de nuestro vicepresidente de noticias, Joe Peyronnin, nuestra responsabilidad como comunicadores era conocer todos los aspectos que tuvieran que ver con la guerra. Por ello, al menos dos meses antes del conflicto los presentadores y compañeros que directamente íbamos a estar envueltos en la cobertura comenzamos a reunirnos al finalizar nuestra jornada de trabajo. Joe había dispuesto algo nunca antes visto: 24 horas de información continua llevada a cabo por tres equipos fijos de trabajo y un amplísima red de corresponsales en todas las áreas del conflicto. Fue así cómo nos designaron a mi queridísimo José Díaz Balart y a mí para formar el equipo de la mañana, con uno de los horarios más extensos de toda la cobertura, de 6 a.m. a 2 p.m.; a Rogelio Mora y a Ilia Calderón para tomar el relevo hasta aproximadamente las 6 p.m.; y después a Pedro Sevsec y a Ana Patricia Candiani, conductores del Noticiero Telemundo, hasta entregar el relevo al equipo de la noche, que fue el único que no era fijo y que, más que ir en vivo a los diferentes puntos, hacía un recuento y abría las líneas telefónicas al público. Además, ya se había dispuesto nuestra red de corresponsales que se desplazaría a la zona. Nuestro experimentado corresponsal en Washington, Pablo Gato, sería el enviado especial a Kuwait, junto a Pedro Mejía; a mi buen Alan Villafaña lo desplazarían con Julián Zamora, de quien ya les he contado antes, a Qatar, donde estaba la base del Comando Conjunto de Estados Unidos y desde donde a diario y en rueda de prensa se iban a dar todos los partes oficiales de guerra. Fran Sevilla, quien realizaría un trabajo excepcional desde el mismísimo centro de Bagdad, y nuestro corresponsal en Israel, Elías Zaldívar.

Además, comenzó a construirse un nuevo estudio, se llamaría "el estudio de la guerra" y después quedaría como escenario de los tres espacios informativos actuales de la cadena, Hoy en el mundo, Noticiero Telemundo y Noticiero Fin de Semana. Un estudio con la última tecnología, holograma, mapas, monitores... y un equipo de trabajo paralelo compuesto por Berta Castaner, Rafael Matos, Peter López, Pablo Iacub y otros tantos, encargados de dirigir la cobertura y conseguirnos desde la réplica de los aviones que se fueran a usar en los ataques, hasta los trajes, las máscaras anti-gas y las bolsas con las raciones de comida y otros enseres que portarían los soldados. Además, ya por adelantado, habíamos conseguido a diferentes analistas políticos, militares y económicos, e incluso la posibilidad de ver la avanzada de los soldados por tierras iraquíes de la mano de uno de los corresponsales claves de NBC y el nuevo descubrimiento de Telemundo: Kerry Sanders, que acompañaba a la tercera de infantería y que, a través del videophone, en más de una ocasión nos mostró ataques en vivo y descubrimientos que las tropas hacían en su camino a Bagdad. Está de más decir que gracias a los contactos de Joe, un experimentadísimo periodista en la televisión de Estados Unidos, tuvimos la oportunidad antes de que diera comienzo el conflicto de contar con la presencia de generales y expertos en nuestros estudios para que nos fuéramos familiarizando con el armamento y la terminología de la guerra.

Por mi parte, tengo que reconocer que, para mí como para muchos de mis compañeros, fueron muchas horas de estudio y de investigación en Internet para visualizar esas armas, aviones y helicópteros y, sobre todo, más horas de acopio de información que pudiera serle útil a nuestros televidentes.

Habiendo fracasado la última etapa de la diplomacia en las

islas Azores y ante la negativa de Francia, Rusia y China de autorizar el uso de la fuerza en el Consejo de Seguridad de Naciones Unidas, el 17 de marzo de 2003 el gobierno norteamericano decidió actuar en forma unilateral, otorgando a Saddam Hussein 48 horas para abandonar Irak. Con el apoyo de los ciudadanos estadounidenses en un margen de 2 a 1, el presidente de Estados Unidos advirtió a Saddam Hussein que debía salir de Irak o afrontar un ataque militar de Washington y sus aliados. Bush aseguró que su gobierno había agotado todas las posibilidades diplomáticas en el Consejo de Seguridad y enfatizó que cualquier acción de Estados Unidos era legal, de acuerdo a la resolución 1441 y otras que desde hace 12 años han declarado a Irak en violación a las peticiones de la ONU. Además, Bush aseguró que era escuchado en Irak, en una traducción al árabe, por lo que aseguraba en su mensaje que el objetivo de los ataques de su país serían blancos militares y no el pueblo iraquí y prometió construir junto a ellos un nuevo Irak con libertades y derechos, "sin cárceles para los disidentes, ni cámaras de torturas, ni cuartos de violaciones". Pero también advertía que los militares iraquíes que participaran en genocidios, siguiendo las órdenes de Saddam Hussein, serían juzgados por crímenes de guerra.

La reacción de Irak, como ustedes podrán imaginar, no se hizo esperar. La dirigencia iraquí rechazaba el ultimátum y exponía en rueda de prensa que "Irak no escoge su destino mediante extranjeros y no escoge a sus líderes por decreto de Washington, Londres ni Tel Aviv". Uday Hussein, el hijo mayor de Saddam Hussein, aseguraba que Bush era "inestable" y que era él el que "debería dejar el poder en Estados Unidos junto a su familia". Además, desafiante, advertía que un ataque estadounidense contra Irak obligaría a este país a ampliar la guerra contra Estados Unidos. Una amenaza que provocaba de inmediato que el Departamento de Seguridad Interna elevara su estado de alerta a la categoría más alta ante la posibilidad de ataques terroristas. Mientras tanto, centenares de miles de personas regresaban a las calles, en diversos países del mundo, para protestar contra esa posible guerra. La manifestación en Washington atrajo a decenas de miles, calculándose según los organizadores en más de cien mil personas. En San Francisco, entre 20 mil y 25 mil personas salían también a las principales avenidas; mientras que en Los Ángeles la lluvia de ese día no impedía tampoco que los manifestantes contra la guerra salieran a las calles y que el reverendo Jesse Jackson asegurara que el gobierno de Bush tenía una "crisis de competencia" y que "si nuestro país invade una nación sin el consentimiento del mundo y luego mata y ocupa a la gente, eso es un crimen de guerra y nos convertimos en un Estado al margen de la ley". Sin embargo, a pesar de las protestas en Francia, Alemania, el Reino Unido, España, México o Argentina, las intenciones de Washington se mantuvieron más firmes que nunca.

El ultimátum de Bush se cumplía la noche del miércoles 19 de marzo, momento en que podrían estallar las bombas sobre las instalaciones iraquíes. Las 48 horas otorgadas por Estados Unidos a Saddam Hussein se agotaban a las 01:00 GMT del martes, y a partir de ese momento, como se dice en el argot televisivo, el llamado "equipo de la guerra" entraba en *stand by* o, lo que es lo mismo, fácilmente ubicables y en total disposición de presentarnos en el canal en el momento en que tuviéramos constancia de un ataque inminente.

El día 20 de marzo, durante la madrugada, la coalición formada por Estados Unidos y Gran Bretaña iniciaba el ataque aéreo sobre Bagdad, contra las instalaciones de radar y de defensa antiaérea. Pedro Sevsec y Ana Patricia eran los primeros en informar sobre estos ataques, en los que se lanzaron bombas de precisión sobre los centros de comando y el posible refugio de Saddam Hussein. Para que se hagan una idea, la coalición contaba en el

Golfo Pérsico con 250 mil soldados y la tecnología más avanzada del mundo. Unos 90 mil efectivos estadounidenses y británicos ingresaban al territorio iraquí defendido por un ejército que estaba estimado en aproximadamente 390 mil hombres y por las temibles milicias conocidas como fedayines.

A las 6 de la mañana y como estaba previsto, mi compañero José Díaz Balart y yo tomamos el relevo después de las primeras horas de ataques. Si ustedes me lo permiten, déjenme decirles que lo que José y yo hicimos al frente de esa cobertura, ampliamente reconocida, no hubiera sido posible sin los excelentes compañeros que específicamente trabajaron en nuestro horario de 6 a.m. a 2 p.m.; bajo la dirección principal de Rafael Matos, un grupo reducido pero absolutamente profesional y eficiente, y con la inestimable colaboración de Claudia Foguini, Silmary y todos los compañeros de control, asignaciones y satélite, fue capaz de aguantar sin descanso las casi cuatro semanas que duró la contienda. Gracias a su esfuerzo, la gente comenzó a relacionar a Telemundo con la cobertura de la guerra y a sintonizarnos para obtener la información más puntual y precisa sobre el conflicto.

Pero regresando a ese primer día, nos sentamos en el estudio y nada más saludar a nuestros televidentes Rafa nos daba la posibilidad de comenzar con una comunicación con nuestro corresponsal en Bagdad, Fran Sevilla, para hacer un recuento de los primeros ataques, los blancos alcanzados, la cifra de heridos o muertos y la situación más actual. Inmediatamente después de un mapa creado para el efecto, se destacaba Kuwait para enlazar con nuestro corresponsal Pablo Gato y que fuera él quien nos diera un balance de la situación. Recuerdo que Pablo nos mostraba la máscara anti-gas que habían tenido que ponerse en dos ocasiones ante la alerta de un posible ataque químico y biológico. De hecho, Pablo nos contó que las fuerzas iraquíes habían respondido a Estados Unidos con el lanzamiento de varios misiles contra el norte de Kuwait, donde estaban estacionadas buena parte de las tropas estadounidenses y británicas y que serían las primeras en entrar en Irak. Una vez conocida la situación de ese vecino país, inmediatamente abríamos nuestro satélite a Qatar, a la base del Mando Conjunto, donde en breves instantes, a las siete de la mañana (y como harían hasta la finalización del conflicto), daría lugar la rueda de prensa en la que darían el parte oficial de esa primera jornada de ataques y en la que mi querido compañero José se luciría al hacer la mejor traducción del inglés al castellano. Allí, nuestro colega Alan Villafaña sería el encargado de comentarnos los pormenores y, algo mucho más encomiable y valioso, también se convirtió en la persona más amada por los familiares de los soldados destacados en Qatar, ya que todos los días y con el apreciado teniente coronel Otero nos brindaba la posibilidad de hablar con los soldados y a éstos la de que pudieran enviar mensajes a sus familias. Alan nos comentaba que en ocasiones, como ya se había corrido la voz de que él estaba realizando tan hermosa labor, a su llegada a la base tenía decenas de soldados esperando para pedirle el favor de ponerlos ante la cámara. Si todos nuestros corresponsales de verdad hicieron una labor impresionante, la realizada por Alan, llena de valor humano, no podía dejar de ser comentada.

Otra de las personas que me gustaría destacar es al teniente retirado Octavio Pérez, un militar de rango, participante en la primera guerra del Golfo Pérsico y un experto militar que nos acompañó a diario durante el conflicto para explicarnos los aspectos militares de la contienda. Gracia a él y a sus brillantes explicaciones, fui capaz de ponerme todos los días ante el mapa a dar un parte del avance de las tropas de la coalición en suelo iraquí; mapa que pasaría a conocerse, de manera familiar, como "el mapa de Marián".

Además, lo más destacable de nuestra cobertura fue que ni

José ni yo usamos ni un solo día el famoso teleprompter, sino que hacíamos las 8 horas en vivo con los cables urgentes que nuestros compañeros nos acercaban a la mesa, las comunicaciones con nuestros corresponsales e invitados y la posibilidad de tener a nuestra vista al menos 6 *feeds* diferentes, es decir, para que lo entiendan, 6 monitores con imágenes de diferentes lugares, a los que nos podíamos dirigir, gracias a nuestra cadena hermana NBC, en cualquier momento que lo precisáramos y comentar las imágenes.

Pero haciendo un balance de los primeros dos días de la guerra, una lluvia sin precedentes de 3 mil misiles se abatió sobre Irak. La ofensiva continuó en el sur, desde Kuwait, con el avance de la infantería hacia la ciudad portuaria de Basora; y en el norte, con un ataque de fuerzas especiales apoyadas por los kurdos contra Kirkik y Mosul. La negativa de Turquía de permitir el emplazamiento de fuerzas de la coalición impedía una gran invasión en el frente norte. En Basora y en otras localidades cercanas, como en el puerto de Um Qasr y en Nasiriya, la resistencia fue mayor de lo que se tenía contemplado. Las fuerzas atacantes sitiaron las ciudades, mientras una avanzada estadounidense se dirigía a Bagdad. La capital estaba rodeada por el 80 por ciento de las fuerzas iraquíes, además de las famosas tropas de élite de la guardia republicana y los fedayines, cuyas posiciones comenzaron a ser bombardeadas por aviones, helicópteros y artillería. En la región de mayoría chií del sur, donde los militares occidentales esperaban que la población se sublevara contra el régimen, las fuerzas de la coalición eran hostigadas por los fedayines. Unas guerrillas dirigidas por Uday Hussein, uno de los hijos de Saddam Hussein, concentraban sus ataques sobre las columnas de abastecimiento.

Uno de los momentos más dramáticos fue el asedio de Basora, donde un enfrentamiento entre decenas de tanques terminó con la destrucción de los vehículos iraquíes. Esta ciudad comenzaba a convertirse en una catástrofe humanitaria por la falta de alimentos, agua y energía. Mientras, en Bagdad aumentaban las bajas civiles. A poco más de una semana, en el bando occidental surgieron las críticas por la prolongación del conflicto debido a una imprevista resistencia iraquí, basada, como nos explicaría Octavio Pérez, en una táctica de guerrillas.

Y mientras se libraban las batallas en el avance de las tropas de Estados Unidos a Bagdad, y a pesar de la emoción de recibir todos los días cientos de cartas de familias hispanas que nos pedían rezar por sus hijos y mostrar sus fotos, ya que para ellos eran héroes anónimos capaces de dar su vida por el amor a su patria, una triste mañana, la del 7 de abril, recibí uno de los golpes más fuertes en relación con esta guerra. Una noticia que me partió el corazón. Por una de esas ironías de la vida, me tocó informar sobre la muerte de un queridísimo compañero, al que curiosamente y después de varios años de haberle perdido la pista acababa de ver en Nueva York, un mes antes de comenzar la guerra.

Como todos los días durante el conflicto, el 8 de abril llegué a la redacción antes de pasar por maquillaje para recoger los últimos cables de noticias y ver las últimas informaciones, en ese momento Rafa me preguntó si me había enterado de lo del periodista español. Inmediatamente, tomé los cables y, al ver su fotografía, no pude evitar ponerme a llorar. Cerca del mediodía del 7 de abril, el portavoz de la Tercera División de Infantería de Estados Unidos, estacionada al sur de Bagdad, informaba que un misil iraquí había golpeado un centro de operaciones tácticas de las fuerzas de invasión. El jefe del batallón, Michael Birmingham, anunciaba que cuatro personas habían muerto. Julio Anguita Parrado, reportero del *Mundo*, había sido alcanzado por un misil junto a otro periodista alemán Cristian Leibig, de la revista *Focus*, y dos soldados estadounidenses. Supuestamente, elementos de la Tercera de Infantería habían entrado en la ciudad para ocupar dos palacios de Saddam Hussein, Julio y Leibig no es que hubieran decidido quedarse en el campamento, como se informó en algunos lugares, sino que los chalecos antibalas que llevaban no cumplían los requisitos de seguridad exigidos por los soldados estadounidenses y por ello no habían obtenido la autorización para acompañarlos. No podía creerlo, fíjense en la ironía. Hace muchos años, creo que fue en 1993, tuve la fortuna de conocer a Julio, Julito como lo llamábamos, cuando colaboró como becario en Antena 3 Televisión, donde yo trabajaba en los informativos. Recuerdo que durante aquella época tuvimos una relación normal de trabajo. Viajó conmigo en un par de ocasiones y siempre me causó admiración las ganas que tenía de salir adelante por sí mismo, a pesar de ser hijo de un prominente político español. Sin embargo, cuando yo vine a Estados Unidos de la mano de Antena 3, perdí totalmente el contacto con él. Recuerdo que sólo en una ocasión Ricardo Ortega, el entonces corresponsal de Antena en Nueva York, le había dado mi teléfono, porque pensaba viajar a Miami a hacer un reportaje y quería ver la posibilidad de que nos viéramos y de que le echara un cable con unos contactos que necesitaba. Desde entonces, no nos habíamos vuelto a ver, hasta dos meses antes de comenzar los ataques. Curiosamente, Alimentos de España y la Junta de Andalucía me habían llamado para invitarme, junto a Antonio Banderas, a presentar una gala para promocionar el aceite de oliva en una hermosa velada en el Museo de Ciencias Naturales de la ciudad de los rascacielos. Fue allí donde por última vez volví a ver a Julio. Como español y andaluz de corazón, estuvo entre los cientos de invitados. Recuerdo que cuando me estaban entrevistando se me acercó y me dijo: "Niña, cada día te ves mejor...". Me encantó verlo. Quienes lo conocían, sabrán que si algo tenía Julio era una gracia típica de Andalucía y una enorme simpatía personal. Terminé las entrevistas y recuerdo que el amigo que lo acompañaba nos sacó varias fotos que prometió traerme personalmente, porque según me dijo quería venir a pasar unos días a Miami, huyendo del frío de Nueva York. Nos tomamos un par de vinitos, conversamos y recuerdo que no nos separamos en toda la noche, ni él, ni su amigo, un chico encantador que llevaba bastantes años viviendo en la gran manzana. Recuerdo que incluso me acompañó a la limosina, y eso que caía una intensa nevada, y quedamos en que me llamaría cuando supiera la fecha en que viajaría a Miami y que me entregaría las fotos entonces. Fue la última vez que lo vi.

No imaginan lo que me costó ponerme frente a las cámaras. Como les dije, nunca fuimos amigos íntimos, ni nos veíamos con frecuencia, pero su cara, despidiéndose de mí ese frío día de Nueva York, creo que jamás podré borrarla de mi memoria. Traté de hablar al teléfono que él me había dado de la casa de su madre en España, pero lamentablemente no logré comunicarme con nadie. Sólo sé que su padre, Julio Anguita, fue informado de la muerte de su hijo, al que amaba, antes de participar en un acto político en Getafe, cerca de Madrid. Con lágrimas en los ojos, alcanzó sólo a decir: "Malditas sean las guerras y los cobardes que las hacen". Desgraciadamente, no sería el único mal rato. Fran Sevilla, nuestro corresponsal en Bagdad, sólo un día después me advertía que un compañero suyo, alguien a quien yo también conocía, había muerto. Cuando di la noticia, en efecto, otro de mis antiguos compañeros de Telecinco, José Couso, había muerto víctima de un ataque estadounidense al hotel Palestina. En esta ocasión, cuando vi el cuerpo de José siendo trasladado del hotel a un coche para ser conducido al hospital, al ver su sangre, sus heridas, no pude disimular mi indignación y mi tristeza. El mismo dolor que tantos padres de familia, hermanos, esposas, sintieron al recibir la noticia de la pérdida de sus seres queridos. José estaba grabando desde el piso 14 del hotel Palestina, donde se concentraba la mayoría de la prensa internacional, el avance de los tanques

Bradley en el puente Al Yamuriá, cuando fue alcanzado por la metralla de un tanque estadounidense en uno de los episodios más confusos de esta guerra. José fue alcanzado en la cara y la metralla le destrozó una pierna y parte del abdomen. En el piso de arriba, el cámara ucraniano Taras Protsyuk también caía víctima del fuego estadounidense. Según los soldados del tanque, en el hotel "alguien estaba disparando en la recepción", después dijeron que creyeron que se trataba de un espía en el hotel... pero lo más increíble es que el incidente se produjo donde estaba toda la prensa que cubría el conflicto y nadie, absolutamente nadie, vio ni grabo disparos antes de los efectuados por ese tanque estadounidense. Lamentablemente, errores hay en todas las guerras, pero lo más honroso es aceptarlos, pedir una disculpa por el triste incidente, algo que consuele a las familias... no tratar de desinformar sobre lo verdaderamente ocurrido.

Desgraciadamente, al menos 9 periodistas perdieron la vida en la guerra. El 4 de abril, el editorialista del *Washington Post* y del *Atlantic Monthly*, Michael Kelly, fue el primer hombre de prensa caído en el conflicto. El 2 de abril, Kaveh Golestan, fotógrafo iraquí y premio Pulitzer, murió al pisar una mina cuando trabajaba para la BBC de Londres. El 22 de marzo perdieron la vida el periodista australiano Paul Morán y el reportero británico de la ITN Terry Lloyd al explotar su vehículo por fuego amigo en Basora.

Y una triste noticia para toda la familia de Telemundo y NBC, y muy especialmente para mi queridísimo compañero José Díaz Balart, fue la terrible pérdida de David Bloom, enviado especial de NBC, y a quien mostrábamos a diario e incluso nos comunicábamos con él por el videoteléfono, y que murió de una embolia durante el avance de infantería en un vehículo militar. Recuerdo que José y yo estábamos conversando de otra cosa, cuando a José se le abrieron de forma increíble sus ojos azules al mirar hacia

uno de los monitores: "No me lo puedo creer... es imposible...".
Yo misma miré el monitor cuando estaban confirmando por
MSNBC la muerte de nuestro compañero. Fue muy duro y aún
ahora, cuando volvemos a ver las imágenes, se nos eriza la piel al
recordar la impotencia y la sorpresa. Sobre todo para José, que
años atrás había tenido la oportunidad de trabajar junto a David.

Pero regresando al desarrollo bélico del conflicto. La Guardia
Republicana no ofrecía la resistencia prevista y los soldados de la
coalición cada vez estaban más cerca de Bagdad en dos frentes
diferentes. Por el norte, donde habían recibido el apoyo de los
kurdos; y por el sur, después de ganar el control de varias de las
ciudades principales. Sin embargo, el régimen de Saddam Hussein
continuaba apegado a la idea de mostrarse al mundo desafiante.
Las cadenas árabes de televisión mostraron imágenes de Saddam
Hussein caminando y siendo aclamado por las calles de Bagdad y
las de un ministro de comunicaciones que pasaría a la posteridad
por insistir en que iban ganando la guerra y que no había soldados
estadounidenses en los alrededores de la capital minutos antes de
comenzar la toma de la ciudad por parte de las fuerzas de la
coalición.

El sábado 5 de abril una numerosa columna de tanques estadounidenses penetró en Bagdad y se tuvo que retirar en medio de
un intenso fuego. Se quedaron en las inmediaciones del recién llamado Aeropuerto Internacional de Bagdad, antes llamado Aeropuerto Saddam Hussein. El lunes comenzó el asalto final. Mientras, en el sur los británicos entraban en Basora. Éste fue el triste
día en que las bombas cayeron sobre las cadenas de las televisoras
árabes y sobre el hotel Palestina, donde se alojaba la prensa
extranjera y donde murieron mi ex compañero Couso junto a otros
dos periodistas.

El miércoles 9, un día después de la caída de Basora, cayó la
capital iraquí. Como todos los días, José y yo, que éramos el único

equipo en permanecer cotidianamente frente a la cámara, sin descanso, desde el comienzo del conflicto y con ese horario maratónico, llegamos al *set* a las 6 de la mañana. Habíamos estado comentando con Rafa y parte del equipo que a juzgar por los acontecimientos de las últimas horas el desenlace no se vislumbraba muy lejano. Sin embargo, jamás imaginamos que fuera a ser tan rápido. Después de nuestro recorrido diario por Kuwait, Bagdad y Qatar, donde nos dieron el último parte, recuerdo que conversamos con Octavio Pérez, nuestro analista militar, y comenzamos a leer las miles de cartas que recibíamos con fotos de los soldados y con escritos de los familiares, ansiosos de que regresaran sanos y salvos a casa. De repente, fue como una reacción en cadena: "Miren los monitores, fíjense en las imágenes […] Rafa, parece que están los tanques rodando por la capital". Como imaginarán, se trataba en efecto de la toma de Bagdad. En la plaza de Farduss, en el pleno corazón de la ciudad, un grupo de iraquíes, ayudados por un tanque de la coalición, derribaba una de las muchas estatuas de Saddam Hussein. Imagen que posteriormente pasaría a la posteridad como símbolo del derrocamiento del dictador; y como parte de una parodia: cuando mostraban al ministro de comunicación iraquí asegurando que no había ni rastro de los soldados estadounidenses, mientras a sus espaldas intercalaban las imágenes del derribo de la estatua que al final de la comedia le caía en la cabeza.

Inmediatamente comenzaron a repetirse imágenes similares en otros puntos de la ciudad, con los palacios presidenciales tomados, los edificios gubernamentales intervenidos y grandes turbas en las calles más confundidos que felices o en protesta por la ocupación. En Nueva York, el embajador iraquí ante la ONU reconoció que la guerra había terminado. Horas después, los iraquíes se expresaban en las calles, muchos para festejar la caída de Hussein, a quien temían y odiaban, y otros, en hechos aislados, mostrando su disconformidad ante la presencia de los soldados estadounidenses y británicos y tratando de crear confusión disparando desde algunos tejados. De esta forma, lamentablemente, la capital quedaba sumida en la anarquía y los saqueos, que llevarían a expoliar museos y obras de arte valiosísimas. Al contrario de lo que todos esperábamos, la batalla por la toma de la ciudad no fue tal batalla, la desbandada en las filas iraquíes, los continuos bombardeos de la coalición y la "desaparición de Saddam Hussein", sus hijos y los principales protagonistas en esta contienda, hicieron mucho más sencillo el camino.

De inmediato, nos enlazamos con Bagdad, donde Fran Sevilla confirmaba la noticia; en Kuwait, nuestros compañeros nos hablaban de las reacciones; mientras, Pablo Gato ya había logrado entrar en Irak y se dirigía hacia la capital. El momento más emotivo se producía en Qatar, donde Alan Villafaña se encontró rodeado de decenas de soldados hispanos felices, llorando y con mensajes de amor y esperanza para sus familias que, desde Estados Unidos y como fieles televidentes de nuestro programa, habían esperado esas cuatro semanas de guerra para ver el fin de la misma. Como de costumbre, aprovechamos para agradecer al teniente coronel Otero, portavoz de las fuerzas de la coalición en español, quien, junto con Alan, estuvieron presentes en los momentos de mayor tensión y emoción de esta guerra.

Acababa así la pesadilla para decenas de miles de familias hispanas, que durante casi un mes habían vivido pendientes de una llamada de teléfono que les confortara el corazón y que les asegurara que sus hijos, esposos, padres o hermanos estaban bien y con esperanzas de regresar a casa. Por ello, para muchos ese día era motivo de una doble celebración: por un lado, el hecho de estar vivos; y por otro, las escenas que venían de Irak y que para ellos significaba la recompensa de su trabajo al ver a un pueblo liberado de la tiranía de Saddam Hussein. Otros jóvenes militares hispanos, sin embargo, nunca regresaron del Golfo Pérsico. Según cifras proporcionadas por el Pentágono, hasta la caída de Bagdad habían muerto cerca de 80 soldados estadounidenses, muchos de ellos de apellido hispano, y otros cuatro se mantenían como desaparecidos. El joven José A. Gutiérrez, con sólo 22 años, fue el primer hispano en caer en el campo de batalla. Él, como muchos, había llegado a Los Ángeles en calidad de indocumentado, a la edad de 10 años, y crecido en el seno de una familia adoptiva que, al igual que otras tantas, ahora lloraba la pérdida de uno de sus hijos.

Por el lado iraquí, sin cifras precisas, los bajas se contaban por millares entre militares y civiles. Lamentablemente, muchos de ellos eran niños inocentes. Los heridos se apilaban en los hospitales, siendo atendidos incluso en las inmediaciones de los centros hospitalarios. La guerra había terminado, pero en realidad la verdadera guerra estaría por venir. Habían concluido las grandes batallas, se había liberado a un pueblo de un régimen de opresión, pero nadie podía garantizar que el orden regresara a las calles y que las represalias contra las fuerzas de la coalición no comenzaran a producirse, como después ocurriría, multiplicando por más de seis el número de soldados muertos durante los días de la guerra.

Para todos nosotros se había cumplido el compromiso con nuestros televidentes: informar de forma precisa, sin presiones y sin censura, el desarrollo de la contienda bélica, que sólo sería el comienzo de un conflicto con difíciles perspectivas de paz, al menos a corto plazo. Hasta que se hiciera efectivo el traspaso de poder a un gobierno conformado por las diferentes representaciones del pueblo iraquí, o la constitución de una Carta Magna y la celebración de elecciones libres y democráticas, aún quedaba un largo camino. Todavía quedaban cosas por concluir: la conformación de su propia policía, de su moneda, la reconstrucción de un país que había sido destrozado por los constantes bombardeos y, lo más importante, la detención de Saddam Hussein, sus hijos y los principales líderes de la famosa baraja de cartas emitida por Estados Unidos, con las caras y los números de los actores iraquíes en esta guerra.

Y una buena noticia para nosotros. De un día para otro, y gracias a los números impresionantes que habíamos obtenido con la cobertura de la guerra, nuestro jefe nos comunicaba que por fin podíamos descansar ese fin de semana y, lo más importante y gratificante, a partir de ese mismo lunes José y yo pasaríamos a presentar Hoy en el Mundo. Un *morning show*, como llaman en inglés a los programas de la mañana, dedicado a la actualidad informativa, con las entrevistas más puntuales y enlaces con los puntos del territorio estadounidense e internacional donde se genera la noticia. Un programa de dos horas, totalmente en vivo, con los mismos compañeros gracias a los cuales nuestro trabajo se había destacado durante el conflicto y bajo la dirección de Rafael Matos, que de esta forma regresaba al "convulsionado" mundo de la actualidad informativa. El equipo quedaría además conformado por nuestros corresponsales, en Nueva York, María Araiz; en Los Ángeles, Juan Carlos González, y en ocasiones Dunia Elvir; en Londres, Fátima Nollen; en Jerusalén, Elías Zaldívar; y toda la red de corresponsales de los servicios informativos de Telemundo. Además, desde nuestro control, todos los chicos que también trabajaron en nuestro horario pasaban a conformar el equipo técnico de Hoy en el Mundo, dirigidos por mi querido Johnny Vasallo. Todo un reto en la televisión hispana de Estados Unidos, sugerido por nuestros televidentes y la necesidad que todos los individuos tenemos de levantarnos sabiendo qué pasa "hoy en el mundo".

7

SEGUNDO ANIVERSARIO

Nueva cita en el World Trade Center:
un reencuentro diferente

Se acercaba un nuevo aniversario de los brutales ataques contra el gigante, y como ya se imaginarán por todo lo expuesto no podíamos perdernos la oportunidad de viajar de nuevo a Nueva York después de dos años. Rafa nos llamó al despacho concluido el programa para anunciarnos la decisión de la gerencia de noticias de enviarnos a la ciudad de los rascacielos con el "habitual equipo", que desde el primer momento habíamos cubierto los pasados aniversarios del 11 de septiembre. Un equipo conformado por Claudia Foguini, nuestro cámara Julián Zamora y una servidora. Aún nos estábamos recuperando del horror de la guerra y de las consecuencias de este conflicto cuando esa nueva cita con la memoria prometía ser diferente a las anteriores.

Para que se hagan una idea, después de las dos guerras cada día que pasaba se iba acrecentando el número de bajas entre los soldados de la coalición, y de Osama Bin Laden y Saddam Hussein aún no había ni rastro. Este hecho incrementaba la posibilidad de que alguno de estos dos siniestros personajes orquestara algún nuevo atentado contra Estados Unidos, haciéndolo coincidir con el aniversario de los ataques del 11 de septiembre de 2001. Estados Unidos había recibido numerosos informes sobre posibles atentados de Al Qaeda, desde el secuestro de vuelos internacionales hasta la posibilidad de ataques bioterroristas, y aunque no tenía pensado elevar el nivel de alerta interno lo cierto es que, al final, el Departamento de Seguridad Interna decidió incrementar la vigilancia en todos los lugares que servirían de escenario para los actos de conmemoración.

Para colmo de males, tres días antes de la ceremonia una supuesta grabación de la red terrorista Al Qaeda prometía más ataques contra intereses estadounidenses "en cualquier parte", tan devastadores que Washington olvidaría el horror de los atentados que acabaron con la vida de casi cuatro mil personas. La cinta de audio, fechada el 3 de septiembre y emitida por la cadena televisiva *Al Arabiya*, anunciaba además: "Aseguramos a los musulmanes que Al Qaeda ha duplicado su capacidad. Nuestras bajas no son nada comparadas con nuestra buena condición de ahora. Nuestras próximas operaciones mártires demostrarán lo que estamos diciendo [...] Nuestro mayor interés es luchar contra los estadounidenses y matarlos en cualquier lugar de la Tierra y sacarlos de Palestina, la península árabe y de Irak". El portavoz se identificaba como Abu Abdel Arman, y el canal mostraba una foto en la que se veía que tenía barba a pesar de llevar la cabeza cubierta. Como ven, había más que simples sospechas para protegerse contra nuevos ataques terroristas.

Dicen que los recuerdos se disipan con el paso del tiempo, y podría ser verdad. Sin embargo, para los que estuvimos cerca de ese fatídico 11 de septiembre de 2001, podrán pasar días, semanas, meses o años y esos recuerdos permanecerán por siempre en nuestra memoria. Después de intensas investigaciones, bruscos cambios en el organigrama de las agencias encargadas de la seguridad en este país y billones de dólares gastados en nuevos programas, lamentablemente la impresión general de los ciudadanos de este país era que continuaba la situación de inseguridad. A pesar de contar con un inmenso Departamento de Seguridad Interna y la aplicación de los nuevos recursos contra el terrorismo, nadie podía asegurar que éstos fueran a funcionar para prevenir nuevos ataques. Cuatro meses después de que el presidente declarara el fin de la guerra y la victoria de las fuerzas de la coalición, desde un portaaviones al más puro estilo *Top Gun*, había muchas preguntas en el aire, pero la principal continuaba siendo la misma: ¿había cambiado en algo el panorama de inseguridad que vivía Estados Unidos después de finalizada la guerra contra Irak? Aunque el tiránico régimen de Saddam Hussein había sido derrocado, una guerrilla emergente y cada vez más fuerte, con suficiente financiamiento como para enfrentar a los soldados de la coalición, procedente posiblemente del exterior, de los llamados grupos extremistas "amigos" de Saddam Hussein, hacía cada día más difíciles los esfuerzos por construir un Irak democrático y estable. Y además, engrosaban la lista de los enemigos de Estados Unidos contrarios a la guerra, capaces de atentar contra el gigante tanto dentro como fuera de sus fronteras.

Así pues, con esta situación de inseguridad, Claudia, Julián y yo regresábamos a Nueva York para presentar la cobertura especial de las ceremonias de este segundo aniversario. Como había sido la costumbre en fechas anteriores, los familiares de las víctimas se reunirían en el sitio de las destruidas Torres Gemelas, la ahora conocida Zona Cero. A las siete de la mañana, Hoy en el Mundo, el programa que con José presento desde el final de la guerra, abría con un maravilloso amanecer desde la azotea de uno de los edificios, en el mismo lugar en que dos años atrás reposaban las torres. En esta ocasión, y a pesar de la presencia de numerosos medios de comunicación, en nada se comparaba con la avalancha de los años anteriores. Ni siquiera el presidente estaría presente en el World Trade Center. El ambiente también había cambiado en general. Aunque era una cita para la oración y el recuerdo de tantas víctimas inocentes que perdieron la vida ese fatídico día, no podía negarse que los problemas con las indemnizaciones, las identificaciones, la reconstrucción de la Zona Cero y el cierre de algunas estaciones de bomberos empañaban el encuentro. Resultaba curioso pensar que, mientras dos años atrás los bomberos eran junto a la policía y los rescatistas los grandes héroes, y recibían los aplausos y las hermosas palabras de los políticos, ahora éstos habían dado paso al desconocimiento y al olvido. Quienes arriesgaron su vida por los demás de una forma valiente y desinteresada, más allá de su propio trabajo, pasaban ahora a convertirse en los grandes héroes olvidados.

Pero regresemos a nuestra cobertura especial, en la que tuvimos la oportunidad de entrevistar a personajes muy especiales. El primero en aparecer frente a nuestras cámaras fue Guillermo Jaime, un mexicano que después de llevar varios años luchando por una vida mejor en Estados Unidos, ante lo ocurrido ese 11 de septiembre de 2001, tomaba la decisión de regresar a México porque, según admitía, prefería vivir pobre pero sin la sensación de ser una probable víctima de cualquier nuevo ataque contra el gigante. Una decisión que, según algunos datos de los que disponíamos, se había producido en mayor número del que imaginábamos.

Después, tuve la oportunidad de conversar con Enrique Morones, uno de los llamados ángeles de la frontera. Nos contaba sobre los cambios producidos a raíz de los ataques y sobre las estrictas medidas de seguridad implementadas en la frontera entre México y Estados Unidos, y sobre cómo el número de inmigrantes a este país había decrecido en los últimos meses, no por la falta de intención de muchas personas capaces de arriesgar sus vidas a manos de los traficantes o "polleros", sino por las nuevas medidas de detección en los puestos fronterizos. Wenda Ortiz era nuestra siguiente invitada. Ese terrible día se despidió de su esposo como cada mañana y se quedó en la ventana esperando su regreso a casa. Lamentablemente, nunca volvió. Como otras tantas familias, a ella ahora le tocaba luchar contra los recuerdos y acostumbrarse a su ausencia. Además, durante todo este tiempo no había sido nada fácil lidiar con las autoridades para que cumplieran lo prometido, con las indemnizaciones a muchas familias que habían perdido su única fuente de ingresos, con la pérdida de sus seres queridos y con la negligencia de algunas compañías de seguros que no habían respondido con la premura y la corrección requerida en un caso tan terrible como éste. Curiosamente, y ya que hablamos de la situación de muchas familias, después de batallar por mucho tiempo, tres días antes de este segundo aniversario un juez admitía las demandas contra las aerolíneas, el fabricante de los aviones y los propietarios de los terrenos donde se asentaban las Torres Gemelas. Por su parte, las aerolíneas estimaban que no deberían ser consideradas responsables de lo ocurrido, ya que fue un ataque sin precedentes, en el que se usaron los aviones como proyectiles y que habían cumplido estrictamente con las medidas de seguridad impuestas por el gobierno federal. Sin embargo, y aunque para algunos pueda resultar increíble, el juez federal de Nueva York, Alvin Hellerstein, estimó que los atentados "eran un riesgo previsible" ante el que las compañías deberían haberse protegido. Esta sentencia estaba relacionada con la demanda presentada por 70 heridos, por los representantes de las familias de los muertos en los atentados y por diez empresas que sufrieron daños materiales en los ataques registrados contra Nueva York y Washington y por el avión que cayó sobre Pensilvania.

De vuelta a nuestra cobertura especial de este segundo aniversario, mostramos las emotivas imágenes que nos llegaban de la capital estadounidense, donde el presidente encabezó la ceremonia en honor a las 148 personas que murieron en el ataque al Pentágono. Ese mismo día se decidía dedicar un jardín a su memoria. Mientras tanto, en Pensilvania los familiares de las víctimas del vuelo 93 se reunían para rezar en los alrededores del lugar donde prácticamente se pulverizó el aparato al estrellarse contra ese campo desierto. Con un tono más callado que en ocasiones anteriores, en Nueva York, como les comentábamos, se centraban los actos más simbólicos y masivos. Unos doscientos niños, divididos en parejas y muchos con las manos entrelazadas, leían los nombres de algunas de las víctimas al compás de notas musicales. El actual alcalde de la ciudad, Michael Bloomberg, dijo que los menores habían sido escogidos para encabezar la ceremonia porque, según sus propias palabras, "en ellos vive el espíritu de nuestra ciudad".

En ellos, así como en los miles de policías, bomberos y cuantos participaron dando lo mejor de ellos mismos dos años atrás. En mujeres como Judith Hernández, con quien tuve el honor de compartir mi siguiente entrevista y de quien me impresionó su humildad y valentía. Recuerdo que entre los invitados que esperaban para ponerse frente a las cámaras de los diferentes medios de comunicación que estábamos concentrados en la azotea del edificio Dow Jones, una mujer latina, menuda de tamaño y vestida de policía, me llamó poderosamente la atención. Venía acompañada de su padre, un hombre mayor, muy sencillo y que no perdía de vista a su hija ni un solo instante. Curiosamente, Claudia había ido a buscarla para que viniera a contar ante las cámaras de nuestro programa su heroica hazaña. Ese 11 de septiembre, cuando su unidad recibió la llamada para presentarse de inmediato en el World Trade Center, ni siquiera hubiera podido imaginar lo que se encontraría al llegar al lugar. Ambulancias, patrullas, sirenas, sangre, polvo, gritos... Alcanzó a salir casi en marcha del vehículo y de inmediato tuvo el valor de subir a una de las torres para ayudar a las personas que pudieran estar atrapadas. Después de cargar a varias personas y dejarlas sanas y salvas en la calle, una y otra vez repitió la noble hazaña hasta que las torres se desplomaron, hasta ese momento, y envuelta en una nube de polvo, siguió salvando gente. Cuando le pregunté lo que sentía en aquellos momentos, su respuesta fue inmediata. No sintió miedo, sino una enorme impotencia por no poder ayudar a todos los que la llamaban y necesitaban su ayuda. Sin embargo, su desafío a la muerte y su heroica acción le valieron el reconocimiento de sus superiores y de inmediato le otorgaron la medalla al mérito y, más importante que todo, el agradecimiento de por vida de todos aquellos que gracias a esta pequeña mujer de corazón grande volvieron a nacer ese fatídico día. Personalmente, nunca olvidaré la cara de ese padre orgulloso, con los ojos aguados, que a pesar de no poseer nada material en su vida, esa mañana de aniversario tenía lo más valioso del mundo representado en la figura de su hija.

Y así, entre los tradicionales minutos de silencio, los pocos discursos y la emoción del recuerdo al echar la vista atrás, fuimos terminando la cobertura especial de ese segundo aniversario. A pesar del esfuerzo de las autoridades, cuando concluimos nuestro trabajo y salimos a las calles aledañas para tomar un taxi, nos dimos cuenta de que muchos negocios del área habían cerrado y de que algunos otros habían quedado como símbolo documental de lo ocurrido aquel 11 de septiembre. Una señora, a la que la violencia de los ataques le había prácticamente destruido su apartamento, nos comentaba que quería mudarse una vez que terminaran de remodelar su casa, antes de que dieran comienzo las obras de reconstrucción del lugar, para así evitar la contaminación acústica que conllevarían las obras y para dejar atrás, tratando de borrar de su memoria, lo que vivió en carne propia.

8

¿Y ahora qué?

Saddam Hussein es detenido

Casi ocho meses después del fin de la guerra, una de las grandes incógnitas era, sin duda, el paradero de Saddam Hussein. Durante este tiempo, las especulaciones no dejaron de ser el tema de conversación favorito de los analistas en diferentes foros mundiales, y más cercano a la gente, en las peluquerías, las reuniones de amigos y hasta en los bares. ¿Cómo era posible que a Saddam Hussein se lo hubiera tragado la tierra? Sus hijos habían sido ya asesinados en julio por fuerzas de la coalición, supuestamente, al oponer resistencia en el momento de su detención, y hasta se nos habían mostrado a los medios de comunicación los cuerpos destrozados y posteriormente "arreglados", junto a las pruebas de ADN que demostraban su verdadera identidad. Poco a poco también habían ido cayendo los más leales colaboradores del dirigente iraquí, sus ministros, los jefes militares… y a pesar de los esfuerzos de las fuerzas de la coalición por infiltrarse en los círculos más cercanos al ex mandatario, por los continuos interrogatorios a los detenidos y por el rastreo permanente de los lugares señalados por las agencias de inteligencia, Saddam Hussein seguía siendo un desafío para Estados Unidos.

Sin esperarlo, un domingo alrededor de las 6 de la mañana recuerdo entre sueños haber escuchado la voz de mi padre dejando un mensaje en mi contestador automático. La verdad, me extrañó tanto que, ante la incertidumbre de si lo había soñado o de si se

207

trataba de algo realmente importante para llamar a esa hora en mi día libre, decidí levantarme. En efecto, era un mensaje nervioso, lo llamé de inmediato y me confirmó la noticia que acababan de dar en la televisión española hacía unos instantes: Saddam Hussein había sido detenido. En España ya era mediodía y aunque habían dudado en llamarme, mi madre y él, conociéndome, querían estar seguros de que me hubiera enterado de la noticia. Rápidamente, puse el canal internacional para conseguir más información, mientras no alcanzaba a teclear los números de teléfono de Peter López y Rafael Matos. Cuando por fin me comuniqué con Peter, me comentó que en instantes salía para el canal y que ya habían avisado a Rogelio Mora, a quien le tocaba trabajar ese día como presentador del noticiero Fin de Semana. No obstante mi día libre, me duché, me vestí, agarré una chaqueta y me dirigí al canal, porque la adrenalina por estar presente en el canal en ese esperado momento podía más que mi deseo de descansar.

En efecto, cuando llegué, ya estaban ahí Rogelio Mora e Ilia Calderón, la copresentadora de Fin de Semana. Saddam Hussein había sido capturado en su ciudad natal de Tikrit en una operación de gran precisión y éxito para las fuerzas de ocupación en Irak. En el Reino Unido, el primer ministro Tony Blair, sobre el que llovían las críticas por la actuación de su gobierno respecto de la guerra, se encargaba de dar la noticia instantes después de que el jefe de los soldados de la coalición en Irak, Paul Bremer, hiciera lo propio. El ex dictador de 66 años, fugado desde que las tropas tomaran Bagdad el 9 de abril, era sacado de una especie de sótano, con un aspecto dejado, con espesa barba y síntomas de confusión y agotamiento. Las imágenes de ese momento fueron distribuidas al mundo, mostrando al "león" convertido en "ratón", con toda la intención por parte de Estados Unidos de dar una visión de sumisión del ex líder iraquí. Inmediatamente, los soldados le rasuraron la barba, lo examinaron minuciosamente, incluyendo las piezas dentales, y procedieron a analizar su ADN, que más tarde confirmaría que realmente se trataba de él.

El líder del Consejo Nacional Iraquí, Ahmad Chalabi, aseguraba en una rueda de prensa que esas pruebas habían mostrado que el sospechoso detenido era Saddam Hussein y que tenerlo en custodia de las fuerzas estadounidenses con vida podría permitir que fuera sometido a juicio, en el nuevo sistema judicial para iraquíes creado unas semanas atrás y que también tendría a su cargo el juicio de otros líderes del partido Baaz.

Como imaginarán, de inmediato comenzamos a elaborar reportajes con las imágenes que inundaban nuestra sala de redacción, y a mi me tocó nuevamente el honor de compartir con nuestro analista militar de la guerra, Octavio Pérez, los puntos más polémicos de esa detención. En primer lugar, me llamó la atención la actitud de Saddam Hussein ante los soldados estadounidenses, una actitud bastante alejada de la gallardía y el desafío que siempre le caracterizaron. No podía dejar de oír en mi cabeza las veces que había arengado a sus tropas diciendo que el que "muere en guerra, va al cielo", incitándolas a luchar y morir antes que rendirse... poco a poco se fueron conociendo más detalles de esa detención, aunque la verdad de cómo se produjeron los hechos tardaría en salir a la luz pública. Hasta el momento de escribir estas líneas, lo que se dijo fue que un familiar lejano, estrecho colaborador y uno de los más leales de su gobierno, lo había traicionado por la no despreciable suma de 25 millones de dólares y la inmunidad ante el inminente juicio. Se dice que la noche anterior, como otras muchas noches, cenó con el ex líder iraquí y le puso algo en su bebida. Una hipótesis que podría despejar la incógnita de por qué se encontraba Saddam Hussein en ese estado de decaimiento físico. Si bien había tenido que ser muy duro esconderse en un agujero y vivir en vilo esos casi ocho meses, sus ojos y movimientos parecían mostrar algo más. Sin embargo, y como no hay nada confirmado sobre los pasos que llevaron a la detención, otras hipótesis aseguran que a través de los interrogatorios a los principales líderes y colaboradores del régimen de Hussein se pudo dar con su paradero. De cualquier forma, en el caso de los dos hijos del derrocado dictador, Uday y Qusay, un informante recibió 30 millones de dólares, 15 por cada uno, y asilo político en Estados Unidos al entregarlos a los soldados estadounidenses.

Sin embargo, ahora la gran pregunta era si con la detención de Saddam Hussein se acabaría la resistencia en Irak. Una pregunta a la que la mayoría de los expertos en Oriente Medio y el propio tiempo contestarían con un rotundo NO. La detención, lejos de acabar con la resistencia iraquí y anti-estadounidense, enarbolaría más la bandera de todos los que desean un pueblo cuyas riendas las manejen ellos mismos. La detención es un éxito político de las tropas de la coalición, pero la resistencia cada vez está mejor armada, mejor organizada y hasta posee servicios de inteligencia bien informados. Lamentablemente, la situación de Irak no puede dibujarse bajo las frases: "El mundo está mejor sin un dictador [...] Hemos devuelto la democracia al pueblo de Irak". Que el mundo está mejor sin un dictador, nadie lo pone en duda, pero la democracia no se puede devolver a un pueblo mientras exista la ocupación de su país. No se puede hablar de democracia mientras la situación del propio país después de la guerra, destruido, sin ejército, sin policía, sin servicios básicos y con hambre, invite al pillaje y a la separación étnica, y mientras un gobierno de transición subordinado a Estados Unidos no sea sustituido por uno que represente los verdaderos intereses del pueblo iraquí. Así pues, ese dicho de que "muerto el perro... se acabaron las pulgas", no parece el más acertado tras la detención de Saddam Hussein.

Lo que es cierto es que en el momento en que Estados Unidos tuvo custodia de Saddam Hussein, una avalancha de interpretaciones e incógnitas salieron a la luz sobre el futuro del ex presidente iraquí. ¿Cuándo, cómo y por quién sería finalmente juzgado? ¿Aceptaría ahora George W. Bush la participación internacional o seguiría actuando de manera unilateral?... y aún más, ¿permitiría que en pleno año electoral salieran a la opinión pública aspectos que podrían volverse en su propia contra durante el juicio, cuando se tocaran los espinosos asuntos de la procedencia de las "famosas" armas de destrucción masiva o las buenas relaciones con Irak en los años ochenta durante la guerra contra los iraníes? Lo antes expuesto perfila difícil que el juicio pueda ser público y que Saddam Hussein pueda testificar. Por el momento, lo tienen en un lugar desconocido y ya ha sido atendido por la Cruz Roja, que insistió al gobierno de Washington entrevistarse con el detenido. ¿Hay suficientes razones para juzgar a Hussein? Sobran: por su continua violación a los derechos de su propio pueblo, por las matanzas, las violaciones, las detenciones, las torturas... pero ¿quién en ese juicio levantará el dedo acusador? Lejos de aclararse, el panorama de Irak no es fácil y, según los analistas, tiende a complicarse aún más, a pesar de la detención de Hussein. Si al comenzar la guerra se dieron las justificaciones de las armas de destrucción masiva y la devolución de un Irak libre y seguro al propio pueblo iraquí, me preocupa de sobre manera saber cuánto llevará demostrar que ésas eran las verdaderas razones.

¿Dónde están las armas de destrucción masiva?

En los días previos a la guerra, los inspectores de las Naciones Unidas no pudieron garantizar la existencia de tales armas. Ahora, después de una guerra que derrocó a un dictador y acabó con la vida de miles de inocentes y de una posguerra en la que se siguen muriendo soldados de la coalición a manos de las cada vez mejor organizadas guerrillas, la incógnita sigue siendo la misma. Ni rastro de las "famosas" armas. A pesar de que Estados Unidos insiste en su existencia, aún no se ha encontrado el mínimo rastro de los 38 mil litros de toxinas bacteriológicas, de las más de 500 toneladas de gases venenosos y de las cabezas o misiles capaces de transportar armas químicas y que, según la Casa Blanca, supondrían una amenaza para la humanidad.

A tal punto llegaron los cuestionamientos que Scott Ritter, uno de los jefes de inspectores que participaron en las operaciones de búsqueda entre los años 1991 y 1998, aseguraba a los cuatro vientos que después de realizar su trabajo no había ninguna prueba fehaciente de la existencia de las armas y que, por encima de las sospechas, las acciones de Estados Unidos contra Irak en este aspecto concreto deberían haberse basado en hechos. Las declaraciones de Ritter cayeron como jarra de agua fría, sobre todo después de sus polémicos libros, en los que asegura que "es imposible encontrar algo que no existe [y] más imposible eliminar armas de destrucción masiva sin dejar huellas [...] Irak ha sido, además, el país más vigilado de la historia moderna mediante satélites, aviones y espías, que han cribado cada centímetro cuadrado del territorio". Ritter cuestionaba a la opinión pública si Bush había mentido deliberadamente o si bien había recibido información equivocada por parte de sus asesores o agencias de inteligencia, como aparentemente tendría que haber pasado.

A las declaraciones del ex jefe de inspectores, se sumaba además la dimisión del actual jefe de la misión encargada de buscar las armas prohibidas en Irak, David Kay, que decidía retirarse del entuerto declarando que no creía que existieran los arsenales por los que Estados Unidos emprendió la guerra. El ex responsable de la CIA en Irak consideraba que la mayor parte de lo que se podría encontrar ya se había encontrado y que era difícil proseguir en una búsqueda de algo que hasta el momento no existía. Lamentablemente, ambos eran de los personajes con mayor criterio para hablar sobre la existencia o no de tales armas. Pero por si aún quedara alguna duda de la intención del porqué de sacarlo ahora a la luz pública o a quién pretendían perjudicar o beneficiar con sus declaraciones, sólo un día después estallaba la bomba. Colin Powell, el hombre que defendía a capa y espada la existencia del armamento prohibido y que hasta llegó ante el Consejo de Seguridad de Naciones Unidas para mostrar "sus pruebas contundentes", ahora admitía la posibilidad de que este país no tuviera armas de destrucción masiva. En declaraciones a la prensa estadounidense en Tblisi, donde asistía a la toma de posesión del presidente georgiano Mijail Saakashvili, el secretario de Estado Colin Powell argumentaba que su exposición de pruebas contra Irak efectuadas en febrero de 2003, un mes antes de la guerra, ante el Consejo de Seguridad de la ONU "se basó en la mejor información de inteligencia que teníamos hasta ese momento".

Para refrescar la memoria, ese mes de febrero Powell expresó ante los 15 miembros del Consejo de Seguridad su más firme convencimiento de que el régimen de Saddam Hussein había recopilado armas prohibidas durante años, mostrando imágenes de supuestos "búnkeres escondidos" en los que almacenaba misiles, camiones para transportar cargas de misil, fuselajes de avión y cargas de "ojivas nucleares". Además, contó: "Irak ha desarrollado un programa de misiles balísticos, incluso después de la resolución 1441".

Ahora, como por arte de magia, un año después el secretario de Estado reconocía ante los periodistas que la existencia de esos arsenales "era una cuestión abierta". ¿Qué querrá decir? ¿A la interpretación o gusto del consumidor?... ¿Se justifica apelar a esa razón para ir a la guerra?... La verdad es que el gobierno de Estados Unidos sigue creyendo o queriendo creer en la presencia de este tipo de armamento en Irak. La Casa Blanca en numerosas ocasiones ha admitido que es sólo una cuestión de tiempo el dar con esas armas y permitir que "la verdad salga a la luz". El propio presidente Bush, en un intercambio con la prensa el 27 de enero de este año, a la pregunta de si Ritter o Kay tenían razón en sus cuestionamientos, respondió: "No hay duda en mi mente de que Saddam Hussein era una amenaza colectiva para Estados Unidos y para otros", y recordaba a los presentes que la evaluación había sido compartida con otras agencias de inteligencia, además de las estadounidenses. Por lo que hay que recordar que, en cierto modo, lo que está ocurriendo en Estados Unidos ocurría en el Reino Unido, donde también se le cuestionó al primer ministro Tony Blair sobre si su gobierno había "mentido" sobre la existencia de las armas.

Mientras tanto, el director de la CIA, George Tenet, justo coincidiendo con la fecha en que Colin Powell trató de justificar la existencia de tal armamento en la ONU, pero un año después, defendía en un discurso los datos aportados por los servicios secretos al respecto de ese tema. El discurso en la Universidad de

Georgetown, en Washington, aseguraba que toda la labor de información para elaborar los datos presentados al presidente estaban basados en el trabajo de los inspectores y en una ardua labor de inteligencia.

Aunque las declaraciones de David Kay, el ex jefe de inspectores de armas en Irak que posteriormente dimitió, seguían pesando porque apuntaban a que los datos que manejaban no eran actuales sino desfasados y del año 1991, durante la guerra del Golfo Pérsico... el vicepresidente Dick Cheney trataba de poner tierra al asunto al afirmar que "lleva un tiempo considerable el mirar en todos los escondrijos de armas, todos los agujeros y todos los sitios de Irak donde se puede esperar hayan ocultado las armas".

Hasta el momento de cerrar este capítulo, las armas no han aparecido y cada vez son más las voces que se escuchan en el sentido de que tampoco van a parecer. La razón principal para declarar la guerra contra Irak no fue tal razón a juzgar por lo visto hasta ahora. Queda entonces por demostrar la vinculación de este país con la organización que dirige el saudí Osama Bin Laden para justificar la otra causa esgrimida para atacar precisamente a Irak en la lucha contra el terrorismo, y ver sobre el terreno si algún día, sin más derramamiento de sangre de soldados de la coalición y de civiles inocentes, este país puede vivir en paz y en verdadera democracia rigiendo su propio destino.

La violencia no cesa

A pesar de que la guerra se dio oficialmente por terminada el miércoles 9 de abril, durante los meses siguientes el número de víctimas mortales ha seguido creciendo alarmantemente en ambos bandos. Oficialmente, el saldo de muertos en la confrontación ascendía a 127 soldados americanos y 31 británicos y más de seis mil civiles iraquíes. Sin embargo, meses más tarde y hasta el 25 de febrero de 2004, el Departamento de Defensa y el Comando de Control de las Tropas de Estados Unidos sumaban a 549 los efectivos muertos desde el comienzo de la invasión, alegando además que el número de helicópteros derribados ascendía a 11, de los cuales 4 lo habían sido en lo que hasta esa fecha iba de año.

Desgraciadamente, al contrario de lo que podríamos pensar, el fin de la guerra y la detención del ex presidente Saddam Hussein y la mayor parte de su gobierno había traído más violencia al destruido país. La inseguridad sigue siendo una de las principales preocupaciones de la población iraquí. El militar británico y vice-administrador de Irak, el general Tim Cross, reconoció que no hay suficientes tropas para mantener el orden en el país y, lamentablemente, la nueva policía y el recién creado ejército iraquí no se han dado abasto en su trabajo de ayudar a las tropas de la coalición en prevenir posibles atentados y en su labor por mantener la situación bajo control. La inseguridad llega a tal extremo que afecta incluso al funcionamiento de los servicios más básicos en

Irak, las provisiones, medicinas y alimentos que deberían llegar a los hospitales no se encuentran disponibles por la falta de seguridad. Después del atardecer, la mayor parte de la población iraquí prefiere quedarse en sus casas debido a la falta de luz, aún con cortes en muchos sectores de la ciudad, y a los saqueos y los robos. Muchos ministerios, como el de Salud, no tienen ahora un ministro iraquí y las fuerzas de la coalición que están a cargo de la institución son, a juicio de muchos, como Nada Dimani, portavoz de Cruz Roja Internacional, a quienes les corresponde restaurar la organización y pagar los salarios al cuerpo médico. Además, los sistemas de agua potable y desagüe tampoco se han normalizado hasta la fecha, creando problemas adicionales de salud a la población y sobre todo a los niños.

Pero lo que más preocupa es el miedo a ser víctima de un atentado terrorista, de uno de los muchos ataques contra los soldados de la coalición e instituciones ocurridos después de finalizada la guerra. Muchos civiles han perdido la vida de esta manera. Otros han sido víctimas del oportunismo y del fanatismo religioso, capaz de matar a sangre fría incluso a mujeres y niños por el hecho de ser chiíes o suníes. Lo que llama poderosamente la atención es la certeza inescrupulosa de los ataques y la precisión con la que son llevados a cabo. Se ha especulado mucho sobre el posible financiamiento de grupos extremistas islámicos, como la famosa Yihad o el grupo Hamas; otros aseguran que terceros países estarían pasando armas y dinero a los guerrilleros para luchar contra las fuerzas de la coalición y para comprar información que les ayude a acertar en sus blancos. La abominable promesa de algunos de esos fanáticos de que "cada día que permanezcan los soldados de la coalición ocupando Irak, una madre o una esposa llorará la muerte de su hijo o esposo", parecía querer hacerse realidad a toda costa. Como con un cuentagotas, primero de manera individual, o por parejas y luego en grupo, los guerrilleros iraquíes han ido cribando a los soldados de la coalición. En su mayoría, han muerto más estadounidenses, aunque los ataques también han estado dirigidos contra británicos y españoles.

Pero si tuviéramos que destacar un hecho, un momento en que la comunidad internacional se cuestionara la presencia de efectivos y personal extranjero en Irak, ese sería el cobarde atentado contra la sede de las Naciones Unidas el 19 de agosto de 2003, cuando un atacante suicida detonó un camión lleno de explosivos frente al hotel Canal, que albergaba las oficinas de la ONU. Entre los 24 muertos, lamentablemente, se encontró el cuerpo del representante del organismo en este país, el brasileño Sergio Vieira de Mello, a quien sólo le quedaban días para concluir su misión en Irak. Su cuerpo fue encontrado bajo los escombros del edificio. Más de cien personas resultaron heridas, muchas de ellas mutiladas o con lesiones de extrema gravedad. El 20 de agosto, un día después, el secretario general del organismo ante una sesión del Consejo de Seguridad aseguraba que el personal se mantendría en su cargo pero que era indispensable que su organización pudiese trabajar en condiciones de seguridad aceptables y que ello era responsabilidad de la coalición. A pesar de la extrema seguridad en el área, el camión logró pasar los puestos de control frente al hotel e impactar la camioneta contra la sede del organismo, exactamente bajo la oficina del máximo representante en Irak. Se debe admitir que la preparación del atentado había costado tiempo para no errar en el blanco y hacer el mayor daño posible y que había sido necesario dinero para pagar la infraestructura del ataque y tal vez sobornar a algún miembro de la recién creada seguridad iraquí. Varios días después, un grupo hasta el momento desconocido se adjudicaba el atentado. Se hacen llamar La Vanguardia Armada del Segundo Ejército de Mahoma, y aseguraba en un comunicado a la televisión árabe que declaraba la guerra a todos los extranjeros de Irak y que se tenían que esperar nuevos y más mortales ataques…

Sólo unos días después, un nuevo atentado masivo, perpetrado en esta ocasión contra la sede de la fuerza de la nueva policía iraquí en Bagdad, dejaba un muerto y casi 30 heridos. Un incidente que sembraba la alarma en Washington y multiplicaba las críticas contra el gobierno.

Los que se oponen a la administración del presidente Bush por su política en Irak denuncian la carga que la ocupación representa en el ya abultado déficit presupuestario estadounidense y la negativa a poner la misión de paz y reconstrucción bajo la bandera de la ONU. Se quejan, además, de que la promesa de un Irak libre, en paz y democrático le va a costar a las fuerzas de la coalición más vidas de las que pensaron y más tiempo del que disponen. Según algunos críticos, no puede haber democracia si se mantiene la ocupación; ni paz mientras persistan los cada vez más violentos e indiscriminados ataques. Según los críticos, el mando de la ONU abriría el camino para que otros países ofrecieran aportar tropas para los esfuerzos de la reconstrucción. Pero en ese ambiente de hostilidad, otros países se preguntan el porqué de arriesgar la vida de sus soldados si la decisión de ir a la guerra la tomó Estados Unidos de forma unilateral, abalado por Blair y Aznar. ¿Para qué participar en la reconstrucción de un país que no han destrozado sus bombas y en el que, además, Estados Unidos será el único encargado de dar las licitaciones de las empresas que participen en dicho proceso? Francia y Alemania saben de lo que hablo. Aplicando el dicho de "en las duras y en las maduras", estos países quedarían muy mal parados ante la comunidad internacional si después de su oposición a la guerra, acaso más por intereses económicos que por solidaridad con el pueblo iraquí, ahora quisieran llevarse un pedazo del pastel en materia de contratos para reconstruir el país.

Sin embargo, en contra de sus opositores, la Casa Blanca se veía forzada a salir en apoyo de su política en Irak, asegurando que aunque la operación de seguridad y reconstrucción requerirá "un compromiso sustancial de tiempo y recursos, finalmente logrará su objetivo de conseguir un mundo y un Estados Unidos más seguro". La creación de un gobierno provisional iraquí compuesto por 15 miembros y la promesa de una nueva Constitución eran aludidos como prueba de los progresos. Además, Estados Unidos considera suficientes los más de 140 mil soldados desplazados en este país árabe, pero cree que se podrían realizar mayores logros si más países enviaran soldados a Irak y se produjera un reforzamiento y mejor entrenamiento de los recién creados ejército y policía iraquí.

Según el diario *Washington Post*, cerca de diez soldados resultan heridos cada día por fuego enemigo, hasta el punto que el mando central ya no hace públicos este tipo de incidentes y sólo informa cuando en los ataques se producen muertes. Según las cifras aportadas por el periódico, al número de muertos, que ascendía a casi seiscientos desde el comienzo del conflicto, habría que sumar los 1 124 heridos registrados hasta el momento y que, desgraciadamente, habrán aumentado significativamente en el momento en que usted esté leyendo estos datos.

Y para que se hagan una idea de hasta qué punto cambia el número de víctimas con el pasar de los días, en el momento de cerrar este libro, justo el fin de semana anterior, dos nuevos y terribles atentados contra fieles chiíes, en la ciudad de Bagdad y la de Kerbala, anulaban los deseos de alcanzar pronto la paz y postergaban la firma de la nueva Constitución. Según las autoridades chiíes, en los cobardes atentados contra fieles que rezaban en sus mezquitas la cifra de muertos asciende a más de 400, aunque el presidente del nuevo consejo iraquí, Mohammed Bahr, aseguraba que era muy difícil establecer el número exacto, que podría ser mayor, debido a que muchos de los muertos habían resultado destrozados y sus restos recolectados en bolsas. Las imágenes de los cientos de féretros cubiertos de flores, entre los que podían observarse pequeños ataúdes blancos, hicieron que durante la procesión por una céntrica calle de la capital iraquí el silencio se adueñara de los sollozos. El Consejo de Gobierno, ya compuesto por 25 miembros elegidos por Estados Unidos, culpó a Abu Musab, un jordano que según Washington trabaja para Al Qaeda, de ser el autor de los cobardes ataques. Las autoridades estadounidenses han ofrecido una recompensa de 10 millones de dólares por su cabeza.

Kofi Annan, el secretario de la ONU, considera que estos ataques, en medio de un ritual anual prohibido por Saddam Hussein en el pasado, podrían socavar la devolución de la soberanía iraquí prevista para mediados de este año. Y es que el máximo clérigo chií de Irak, el ayatola Ali Al Sistani, criticó a las fuerzas de la coalición por no haber proporcionado suficiente seguridad, reclamó que no se contaban aún con los suficientes elementos de la policía iraquí e instaba a los iraquíes a permanecer unidos. "Llamemos a todos los queridos hijos iraquíes a permanecer más atentos contra los planes del enemigo, y les pedimos que trabajen con ahínco para unirse y tener una voz para acelerar la recuperación de la soberanía, la independencia y la estabilidad de este país herido."

Como era de esperarse, estos brutales ataques provocaron que el Consejo de Gobierno de Irak postergara la firma de la Constitución Provisional por el inicio de los 3 días de luto decretados después del que se convirtió en el día más sangriento de este país desde el derrocamiento de Saddam Hussein. El documento, que será firmado por el administrador estadounidense Paul Bremer, estará vigente hasta que una nueva Constitución sea elaborada y ratificada el próximo año y, según parece por lo expuesto por algunos analistas, "logra un balance entre el papel del Islam, los derechos individuales y los principios democráticos". Además, impone la meta de que las mujeres constituyan al menos 25 por ciento de la Asamblea Nacional y asegura un amplio rango de garantías y derechos constitucionales, como la protección a la libertad religiosa, de expresión, reunión y de juicio justo. Según la nueva Constitución, Irak tendrá un presidente con dos vicepresidentes, un primer ministro y un gabinete ministerial y diplomático.

Lo que no contempla, hasta que se llegue a un acuerdo en el futuro, es el traspaso de poderes de las fuerzas que actualmente ocupan el país al gobierno iraquí el mes de julio de 2004. Aunque sí señala que las elecciones para una Asamblea Nacional Interina, que estarán a cargo de preparar el texto y votar sobre la nueva Constitución permanente en Irak, serán llevadas a cabo, si se puede, a fines de 2004 o a más tardar en 2005.

Sin embargo, y a pesar de las buenas nuevas, lo cierto es que el clima de inestabilidad y hostilidad en Irak no se va a detener sino que, al contrario, los soldados de la coalición pueden esperar que haya más bajas en este país en la medida en que los extremistas, en un intento por frustrar la transferencia de autoridad y poder a un nuevo gobierno iraquí (al que acusan de ser parte de Washington), cometan más salvajes y continuos ataques. Pero más allá de la violencia contra las fuerzas de ocupación, lo más preocupante ahora es la posibilidad de que el país pudiera quedar dividido por una guerra civil mientras dure la transición si los extremistas extranjeros tratan de fomentarla. Se ha demostrado que las diferencias étnicas y religiosas, por encima de las territoriales o políticas, son las que acarrean más guerras y un mayor derramamiento de sangre. Como ocurriera en los Balcanes entre serbios, croatas o musulmanes o en Oriente Medio entre judíos y palestinos; en Irak, chiíes, suníes, salafistas, kurdos... podrían incrementar sus diferencias y sus ansias de ampliar o asentar sus territorios dentro del panorama que rige en su país. Esperemos que Estados Unidos y los países que vieron tan clara esta guerra tengan contemplado un plan B para adelantarse a esta posibilidad, que ensombrecería aún más al desolado Irak que en la época del ex dictador Saddam Hussein y que se convertiría en caldo de cultivo de grupos extremistas que supondrían una auténtica amenaza para la paz mundial.

El gigante sana sus heridas:
reconstrucción de la Zona Cero

Aunque posiblemente el gigante jamás se recupere del todo del golpe terrorista más brutal de toda la historia contra sus más simbólicas instituciones, lentamente el barro se ha estado endureciendo a sus pies. Poco a poco se fueron cerrando capítulos que dejaron diferentes impresiones dependiendo de quien las viviera, y se han ido cicatrizando las heridas con el paso del tiempo. Para las familias de las víctimas, siempre quedará vacío un espacio en sus mesas, en sus camas, en sus corazones. Un vacío que nada ni nadie podrá volver a llenar. Ese 11 de septiembre de 2001 murieron muchas ilusiones y nacieron frustraciones fruto de la impotencia. En el alma quedaron grabados demasiados "te amo" sin decir, caricias, abrazos, besos… Esa triste mañana muchos se despidieron posponiendo esos actos de amor, pensando en que los suyos regresarían después de su viaje o tras su jornada de trabajo. Muchos de los que partieron se fueron incluso sin conocer a sus hijos por nacer, dejando a sus viudas el triste legado de mostrarles una fotografía o un video casero para saber de sus padres, a los que nunca podrían decir sus primeras palabras o dedicarles su primera sonrisa o caminar hacia ellos en sus primeros pasos. Para quien vivió la tragedia más de cerca, a pesar de los esfuerzos o de los tropezones de las autoridades en su desatada lucha contra el terrorismo, la herida tardará más en cerrar.

Sin embargo, y a pesar de lo expuesto, si algo podría aliviar un poco el dolor producido ese 11 de septiembre, esa especie de analgésico sería volver a ver el famoso World Trade Center, más conocido ahora como Zona Cero, con la vitalidad y el orgullo con que se erguía ante el mundo. El enorme agujero donde un día se asentaron las torres necesitaba con urgencia ser cubierto con una nueva estructura. Las toneladas de escombros y amasijos de hierros removidos durante meses por las cuadrillas de trabajo tendrían que ser sustituidas por gente, jardines, música, lugares para la paz y el recuerdo. Para concretar, había llegado la hora de sustituir de ese lugar a la muerte para dar lugar a la vida.

Durante casi dos años, ese proyecto de reconstrucción estuvo presente en las mesas de trabajo de muchos políticos de Nueva York y en la cabeza de arquitectos y artistas. Después de convocar varios concursos para presentar sus ideas, finalmente la oficina del gobernador George Pataki y la Autoridad de Puertos de Nueva York y Nueva Jersey se definían por el proyecto "Jardines en el Cielo", del estudio de Daniel Libeskind. Un arquitecto polaco nacionalizado estadounidense que en los últimos meses ha hecho gala de su apellido, en español significa "niño querido", al ser elegido y mimado por ser el encargado de levantar el área devastada por la tragedia. Como verán, el proyecto pretende ser un monumento recordatorio de las víctimas, que estará situado al lado de tiendas, oficinas, un museo y un centro cultural. Muy cercano a la intención de lo que hasta ese momento los familiares de las víctimas sugerían al gobernador y a la Autoridad de Puertos. Hay dos aspectos de su diseño que estarán cargados de emoción y simbolismo: por un lado, mantener intactos los cimientos de las Torres Gemelas y, sobre esa base, levantar la torre principal con forma de aguja y los jardines colgantes que estarán en la cima del edificio central, de forma que al estar dispuestos en forma de equis una oscura sombra se proyectaría debajo de estos cada vez que el sol brille un 11 de septiembre. Por el otro, y para hacer las cosas aún más increíbles, parte del lugar se pondría sombrío entre las 8:26 y las 10:28 de la mañana, las horas exactas del impacto del primer avión y del derrumbe de la primera torre.

Para muchos, el diseño de este arquitecto, encargado de levantar uno de los mayores símbolos del poder de Estados Unidos, puede tener una connotación añadida a su talento, sobre todo para los musulmanes, por el hecho de ser el arquitecto de ascendencia judía. Sin embargo, este difícil proyecto es el que más se ajusta a lo esperado a pesar de las críticas de otros arquitectos que aseguran que el desarrollo del mismo es demasiado pretencioso y difícil de llevar a cabo sobre el terreno.

Pero Libeskind no será el único al que se atribuya la reconstrucción de la llamada Zona Cero. El arquitecto español Santiago Calatrava, conocido por sus diseños de puentes y edificios públicos, como la restauración de la sede de las Olimpiadas de Atenas de 2004, también resultó seleccionado para participar con dos firmas de ingeniería en el diseño del transporte público. La Autoridad de Puertos, organismo encargado de los servicios de transporte público en Nueva York y propietario del terreno donde estaban las torres, ya dio las instrucciones para comenzar las negociaciones y presupuestos con el arquitecto y las firmas de ingenieros, según su portavoz Greg Trevor (de quien podrán leer en los anexos del libro el relato de su experiencia ese fatídico 11 de septiembre).

Como ven, ya todo está listo para que el gigante vuelva a erguirse ante el mundo, tratando de dejar atrás el pasado, con lecciones aprendidas, con su espíritu renovado y lleno de esperanza. Dante decía que cuando carecemos de esperanza, vivimos llenos de deseos... Por eso, sólo cerrando las puertas detrás de uno y olvidando el rencor, se abren ventanas al porvenir sin miedo a equivocarnos. En estos casi tres años que ha tomado la recuperación del gigante, muchos han cicatrizado sus heridas, otros tratan de cerrarlas, y otros definitivamente jamás lograrán reponerse de la tragedia. Sin embargo, esa esperanza, que todo lo puede, que ve lo invisible y que nos mueve cuando no podemos continuar cargando el peso de nuestro dolor, es la que nos ha de llevar al final del camino.

Atrás han quedado miles de vidas de seres humanos inocentes y miles de familias destruidas por los violentos y salvajes ataques del 11 de septiembre. Atrás han quedado, también, familias que lloran a sus hijos muertos en el campo de batalla por defender lo que consideraban una noble causa: devolver la libertad a un pueblo oprimido, dando para ello de forma valiente hasta su propia vida. Pero en el pasado han quedado también las preguntas, las dudas, los intereses, las represalias, la sed de venganza, la prepotencia... No permitamos que el dolor genere más dolor. Abramos nuestros corazones a esa esperanza y no permitamos ser títeres de aquellos que buscan sacar partido de nuestro sufrimiento. En este país también hay grandes valores, como se demostró en los días posteriores a los ataques. Gente capaz de dar lo que ni siquiera tiene, capaz de solidarizarse con los que sufrían hasta el punto de confundir sus lágrimas.

Sigamos adelante y devolvamos al gigante sus orgullosos pies de acero.

El Congreso analiza:
¿se podría haber evitado el ataque?

Tras la avalancha de lodo arrastrada por los pies del gigante, las nítidas aguas del discernimiento estaban más turbias que nunca. La oscuridad difícilmente dejaba entrever cualquier rayito de luz que acompañara una verdad capaz de ser razonablemente entendida y aceptada. A estas alturas, cada vez más personas en el mundo se preguntaban si las reacciones del gigante obedecían a una acción ya de todos conocida y lamentada, o si por el contrario no se trataba de reacciones, sino más bien de una acción planeada y decidida con anterioridad. Las críticas a la guerra contra Irak ya no se escuchaban mayoritariamente en las diferentes ciudades del mundo, sino también, y cada vez con más fuerza, dentro de las propias fronteras de Estados Unidos. Esta vez ya no se trataba de pequeños grupos aislados frente a las puertas del Congreso en Washington... Esta vez quienes exigían respuestas concretas a las miles de preguntas que aún hoy quedan en el aire estaban adentro, sentados al interior del hemiciclo, representando las interrogantes de un pueblo que cada día con más intensidad se cuestiona tanto derramamiento de sangre.

Como recordarán, ya habíamos hablado de los documentos que supuestamente existían en al menos dos agencias de inteligencia, dos polémicos informes que fueron descubiertos entre una montaña de papeles días después del brutal ataque. Esos informes, que fueron supuestamente ignorados por quienes tenían la responsabilidad de proteger la seguridad de este país, habían dejado huella al menos en la conciencia de varios legisladores que se encontraron ante la obligación moral de cuestionar qué información era la que tenía verdaderamente a su alcance el gobierno de Bush y qué uso se dio de la misma que pudiera haber evitado la tragedia. Una pregunta que a simple vista podía parecer sencilla, pero que al realizarse se convertía en una especie de falsa moneda que, como reza el dicho: "de mano en mano va... y ninguno se la queda". Y nunca mejor dicho si tenemos en cuenta que los representantes del gobierno de Bush achacaban la responsabilidad al anterior gobierno de Bill Clinton, argumentando que ellos no habían tenido suficiente tiempo para reaccionar por el poco tiempo entre que Bush asumiera el cargo y el atentado del 11 de septiembre... Y no faltó la respuesta de los demócratas, quienes alegaban que ya no estaban en disposición de hacer o deshacer, puesto que su mandato había expirado.

Y entre tirada y tirada de bola y acusaciones cada vez más fuertes, por un lado de algunos republicanos de no respaldar al presidente en tiempos de guerra, y por otro, de varios demócratas y ex funcionarios de haber ocultado información y haber subestimado la amenaza planteada por Al Qaeda. El Congreso, ante una cámara bipartidista e independiente, decide llamar a declarar a todos aquellos que en los meses previos al ataque tuvieron algún papel fundamental en la seguridad del gigante.

Uno de los testimonios más esperados fue el de Richard Clarke, el encargado de la lucha anti-terrorista de la Casa Blanca hasta su renuncia en 2003 y autor del polémico libro *Against all enemies*, en el que acusa a Bush de haber estado obsesionado con la guerra contra Irak y con derrocar a Saddam Hussein mucho antes incluso de tomar posesión de su cargo como presidente y de haber casi obviado o minimizado la seria amenaza de Al Qaeda. En su opinión, "la administración Bush, en los primeros ocho meses de su gestión, consideró el tema del terrorismo como un tema importante pero no urgente" y que junto al director de la CIA, George Tenet (quien había comparecido por la mañana), habían tratado de "crear el sentido de urgencia". Tras la entrada en funciones de Bush, en enero de 2001, Clarke afirmó que había solicitado repetidamente, desde el 24 de enero, una reunión de emergencia al más alto nivel sobre la amenaza de Al Qaeda... una reunión que, para que tengan una idea, vino a celebrarse una semana antes de los atentados, el 4 de septiembre. Los republicanos reaccionaron de inmediato asegurando que las declaraciones de Clarke respondían a motivaciones políticas a tan sólo unos meses de las elecciones presidenciales, a lo que Clarke tuvo el cuidado de recordar que su testimonio estaba bajo juramento, antes de negar que formara parte de la campaña del senador demócrata John Kerry, oponente a Bush en las urnas. Pero uno de los momentos más álgidos de su comparecencia no fue sólo el pedir perdón a los familiares de las víctimas y admitir que en cierta medida también había fallado, sino el instante en el que acusaba a algunos funcionarios de la administración de Bush de querer en cierta medida buscar una especie de excusa para atacar Irak. "Creo que deseaban creer que había una conexión entre Irak y Al Qaeda en los ataques contra Estados Unidos... pero simplemente no hay conexión. No hay absolutamente prueba alguna de que Irak estuviese respaldado por Al Qaeda."

La primera semana de comparecencias fue intensa. Las acusaciones se endurecían cada vez con un tono más alto mientras en la calle, entre los analistas políticos a los que tuve la oportunidad de entrevistar, cada vez había más dudas, que no respuestas. Y para no despejar ninguna luz y sembrar más inquietud, una semana después de la intervención de Richard Clarke ante el Congreso, le tocaba el turno de comparecer ante la Cámara y bajo juramento a una mujer considerada de hierro y uno de los pilares de la administración del presidente Bush: la asesora de Seguridad Nacional de la Casa Blanca, Condoleezza Rice.

Una comparecencia que hasta último momento se mantuvo en el aire y a la que el presidente Bush, finalmente, dio su visto bueno para responder a las explosivas acusaciones de Clarke, ante el beneplácito de quienes consideraban que sus respuestas podrían arrojarse un halo de luz. Con semblante serio, perfectamente maquillada y vestida, el mundo entero presenció a esa mujer de carácter fuerte, temida por sus adversarios políticos, jurar con la mano en alto que "nada pudo haber evitado el 11 de septiembre". Una afirmación que fue increpada insistentemente por algunos congresistas en su afán por saber si el presidente tenía en sus manos información que pudiera haber evitado la catástrofe en los meses anteriores al ataque. Condoleezza, lejos de parecer amedrentada, en tono elevado y sin parar, mantenía su postura y sus respuestas ante las peticiones de que fuera más clara y concisa. De una forma tajante, recuerdo cómo después de pedir muy molesta pero sin perder la compostura que le dejaran terminar su testimonio, respondió ante la comisión que la amenaza terrorista no era algo que surgiera de la noche a la mañana ese 11 de septiembre, sino algo que preocupaba a la seguridad de Estados Unidos desde hacía más de dos décadas, que lamentablemente se había fortalecido y a la que los diferentes gobiernos del país en esos 20 años no habían respondido de forma eficiente. Como les comentaba, con el semblante más serio que nunca y enfundada en su traje sastre gris, destacaba que "ningún remedio mágico habría podido impedir el ataque del 11 de septiembre" y agregó "que Estados Unidos simplemente no estaban en pie de guerra en ese momento y que eran los terroristas quienes estaban en guerra con nosotros, pero nosotros no lo estábamos con ellos".

Sobre las esperadas discrepancias con el testimonio de Clarke, con un guión que parecía perfectamente estudiado, la asesora de

Seguridad se limitó a contradecirlo. Sobre la presunta reunión que Clarke alegaba llevaba pidiendo durante meses y que finalmente se realizara el 4 de septiembre, Condoleezza señaló que entre el 20 de enero y el 10 de septiembre de 2001 el presidente Bush realizó reuniones diarias con los funcionarios de inteligencia para discutir la seguridad interna del país de los que "más de 40 trataron sobre la red de Al Qaeda y 13 fueron en respuesta a preguntas que él y sus principales asesores habían presentado".

Sobre la otra acusación formal de Richard Clarke de que Irak y Saddam Hussein representaban una prioridad mayor para Bush que la amenaza de Al Qaeda, y que algunos miembros de su administración trataron de buscar nexos inexistentes entre el 11 de septiembre e Irak, Condoleezza Rice aseguró que ningún miembro del equipo del presidente le propuso atacar Irak tras los atentados. Según sus propias palabras frente a la comisión, "cuando él le preguntó a sus consejeros qué se debía hacer, ninguno de sus principales asesores le recomendó hacer nada contra Irak. Solamente se trataba de emprender acciones contra Afganistán".

A estas alturas de la comparecencia, recuerdo que tuve que pedir un vaso de agua, porque llevaba más de veinte minutos traduciendo a esta mujer que difícilmente se dejaba avasallar por las circunstancias o las preguntas o comentarios cada vez más alzados de tono de algunos legisladores demócratas. Muy por el contrario a lo que hiciera Clarke hacía tan sólo unos días, Condoleezza Rice no pidió disculpas por la incapacidad del gobierno de evitar los sangrientos ataques, más bien se mostró confiada en el peso de sus argumentos y en lugar de ello se limitó a decir "en mi condición de funcionaria del gobierno, nunca olvidaré el dolor y la indignación que sentí ese día".

Una forma de concluir una comparecencia que distaba mucho de lo que se esperaba, más respuestas concretas, ya que si el presidente se había reunido con sus asesores, según la propia Condoleezza Rice, en más de cincuenta ocasiones, no hubo información concreta sobre la posibilidad de ese ataque. Por qué había sido insuficiente el mal llamado "esfuerzo" anti-terrorista, por qué si existían documentos del FBI que mencionaban expresamente la posibilidad de un ataque terrorista de tal magnitud no se les dio prioridad y los sacaron a la luz en vez de enterrarlos bajo decenas de papeles sobre una mesa de despacho...

El senador Joe Lieberman, reconocido por su mesura, en una entrevista a ABC, no dudó en considerar y lamentar que "la Casa Blanca tenga una auténtica propensión al secretismo". Lieberman insistió además en que "alguien debería haber tenido toda la información" en referencia a todos esos informes y alertas que supuestamente en los meses previos al 11 de septiembre apuntaban a la posibilidad de ataques con aviones. Y muy especialmente, el que ya citáramos anteriormente, el polémico "Informe Phoenix" de julio de 2001, a menos de dos meses de los atentados, en el que un agente de la oficina de la policía federal de Arizona alertaba de la posibilidad de que algunos miembros de la red Al Qaeda estuvieran siendo entrenados como pilotos para cometer atentados contra Estados Unidos. El otro informe, del que también habláramos anteriormente, era aún más concreto al proceder de los agentes del FBI que detuvieron a uno de los supuestos colaboradores de los terroristas, Zacarias Moussaoui, en el que ya se citaba textualmente la posibilidad de atentar contra las Torres Gemelas de Nueva York usando aviones.

Después de la emoción contenida y las esperanzas de encontrar alguna respuesta a tanta incertidumbre, lo cierto es que tras el despliegue de supuestos "responsables" de la seguridad de este país ante la cámara independiente del Congreso, más que quedar demostrada la responsabilidad, quedó de manifiesto la irresponsabilidad de todos aquellos que, sin excepción, tuvieron en sus manos la más leve posibilidad de evitar el desastre y que por los motivos que sean no le dieron la prioridad o la importancia que requerían.

Quienes nacieron en este país o todos aquellos que como yo decidimos vivir en este país, en busca de nuevas oportunidades, con dedicación, entrega y respeto, por encima de cualquier ideología política y hasta el momento con cierta admiración... deseamos que el gigante sea capaz de volver a erguirse orgulloso y ponerse en pie. Pero deseamos que quienes estén encargados directamente de dirigir sus pasos lo hagan de una forma limpia, honesta, transparente, sin caídas que puedan suponer un mayor daño. Todos deseamos que los pies de barro dejen de arrastrar lodo y vuelvan a convertirse en cemento y que el gigante, por encima de ser temido, sea respetado. Porque el respeto es lo único que se gana y no se puede comprar.

9
TESTIMONIOS

Greg Trevor

[portavoz de la Autoridad de Puertos, sobre
su experiencia personal el 11 de septiembre]

Mi vida se extendió gracias a 11 minutos.

El 11 de septiembre, mis compañeros de trabajo y yo escapamos del World Trade Center a las 10:18 a.m. El edificio se derrumbó unos segundos antes de las 10:29 a.m.

Debo mi vida a tres cosas: una corbata tejida, a un hábil y listo oficial de policía de la Autoridad de Puertos, y a la visión de los arquitectos e ingenieros que diseñaron el World Trade Center, suficientemente fuerte para aguantar la embestida directa de aviones y permitir así que aproximadamente 25 mil personas escapasen.

Cuando el primero de los 767 chocó contra las Torres Gemelas a las 8:46, yo estaba parado detrás de mi escritorio en el lado sur del piso 68 de la Torre Uno del World Trade Center, en el departamento de relaciones públicas de la Autoridad de Puertos de Nueva York y Nueva Jersey.

Había estado trabajando por cerca de dos horas y acababa de terminar una llamada con un colega en el Aeropuerto Internacional de Newark. Me paré a estirar las piernas y miré hacia fuera de la ventana, observando la Estatua de la Libertad, que resplandecía con la luz del sol en esa inusual brillante mañana.

Casi fui tumbado al piso por el impacto del primer avión, que se incrustó en el lado norte de la Torre Uno, más de veinte pisos arriba del mío.

Escuché un impacto muy fuerte, seguido de una explosión, se sintió cómo el edificio giraba unos 10 pies hacia el sur, cómo se estremecía mientras regresaba al norte y luego temblaba al mecerse.

Fuera de la ventana pude ver una parábola de llamas caer hacia la calle, seguida de una tormenta de papeles y vidrios. Entonces escuché dos sonidos: sirenas de emergencia en las calles y teléfonos sonando por todo el piso 68, llamadas de reporteros preguntando qué había pasado.

Confundido, pero ansioso por salir, corrí hacia la oficina del director de mi departamento, Kayla Bergeron, ella ya estaba en el teléfono con el vicepresidente ejecutivo de operaciones de la Autoridad de Puertos, Ernesto Butcher. Por la otra línea de Kayla contacté con el Comando Central del Departamento de Policía de la Autoridad de Puertos en la ciudad de Jersey.

En pocos minutos, reunimos al personal, echamos lo posible en nuestras bolsas, carpetas y libretas y nos preparamos para evacuar el piso, que comenzaba a llenarse con humo espeso. Transferimos nuestras llamadas a los teléfonos de la Oficina Central de Policía de la Autoridad de Puertos en la ciudad de Jersey, para que los medios pudieran dejar mensajes mientras escapábamos. Ana Abelians, miembro de nuestro personal, dijo que dos llamadas de los medios estaban en espera. Le dije: "Tú agarra una, yo agarro la otra, nos deshacemos de ellos y nos largamos".

Levanté el teléfono.

—Habla Greg Trevor.

—Hola, trabajo con NBC National News. Si pudiera esperar por 5 minutos, vamos a ponerlo en vivo para una entrevista.

—Lo siento no puedo. Estamos evacuando el edificio.

—Pero esto tomará sólo un minuto.

—Lo siento, pero usted no entiende. Estamos dejando el edificio en este momento.

Se mostró sorprendido.

—Pero, pero, esto es NBC National News.

Aparentemente, no tengo que arriesgar mi vida por la filial local de NBC, pero no hay sacrificio grande para National News. Le dije:

—Lo siento una vez más —entonces corté.

Por más de una hora, nos unimos a miles de compañeros del World Trade Center que pacientemente descendían las escaleras de emergencia.

No estaba asustado al inicio. Mis sentimientos iniciales eran de desorientación e incredulidad, cuando entramos en la escalera todo lo que sabíamos era que un avión había golpeado el edificio; no tenía sentido. ¿Cómo un avión podría golpear un edificio de 110 pisos en un día tan claro? Como estábamos dentro de las escaleras de emergencia, no sentimos el impacto del segundo avión en la Torre Dos del World Trade Center.

Traté de llamar varias veces por mi teléfono celular a mi esposa Allison, pero no pude conectarme. Afortunadamente, me comuniqué con mi colega Pasquale DiFulco, a través de mi *pager* interactivo. Pasquale, que había tomado el día de vacaciones y estaba viendo CNN, llamó a Allison para dejarle saber que yo estaba bien. El también usó su *pager* para decirnos lo que realmente estaba ocurriendo.

9:32 a.m. mensaje de Pasquale: aa 676 desde boston se estrelló en 1wtc. fbi reporta avión fue secuestrado momentos antes del impacto. vi segundo avión estrellarse en vivo en cnn en la 2wtc. bush acaba de anunciar posible ataque terrorista.

9:36 a.m.: por lo menos 1000 heridos —cnn.

9:41 a.m.: incendio en el pentágono.

9:43 a.m. mensaje a Pasquale: oh cristo.

9:43 a.m. mensaje de Pasquale: pentágono y casa blanca siendo evacuadas.

9:46 a.m.: incendio en *mall* de washington.

9:49 a.m.: faa cancela todos los vuelos en la nación.

9:52 a.m.: avión cayó en pentágono.

9:54 a.m.: tesorería del capitolio también evacuando.

A pesar de estas noticias, nuestra larga caminata en busca de estar a salvo permaneció calmada y ordenada. Habíamos conducido varios ensayos de evacuación de incendios, así que sabíamos qué teníamos que hacer. De vez en cuando, debíamos parar, movernos hacia la derecha de la escalera y hacer espacio para la gente herida que bajaba y bomberos y oficiales de policía de la Autoridad de Puertos que subían corriendo.

Entonces llegamos al quinto piso justo antes de las 10 a.m.

Escuchamos un estruendo muy grande. El edificio se sacudió violentamente, fui lanzado de un lado de la escalera al otro.

No lo sabíamos en ese momento, pero la Torre Dos acababa de caer.

Nuestra escalera de emergencia se llenó de humo y polvo de concreto, se tornó difícil respirar. Se fue la luz. Un flujo constante de agua, de unas 4 pulgadas de profundidad, comenzó a bajar por la escalera, se sintió como si anduviéramos de noche, en medio de un incendio forestal, por un oscuro y sucio río rápido.

La decisión más inteligente que hice ese día fue ponerme una corbata tejida, puse la corbata azul sobre mi nariz y boca para bloquear el humo y polvo; para evitar la hiperventilación, recordé los ejercicios de respiración que mi esposa y yo aprendimos en nuestra clase de Lamaze.

Alguien gritó que deberíamos poner nuestra mano izquierda en el hombro de la persona enfrente nuestro y seguir caminando hacia abajo. Descendimos un piso más, al cuarto piso, cuando escuché que alguien dijo: "¡Mierda, la puerta está bloqueada!".

La fuerza del colapso de la Torre Dos aparentemente había atascado la salida de emergencia. Nos ordenaron girar y volver hacia arriba, para ver si podíamos pasar a otra escalera. Ahora andábamos en contra de la corriente de ese oscuro y sucio río. Otros todavía estaban tratando de bajar, la gente comenzaba a entrar en pánico.

Por primera vez, tenía miedo de no poder salvarme, así que susurré una pequeña oración: "Señor, por favor déjame ver a mi familia otra vez".

Entonces cerré los ojos e hice fotos mentales de las caras de mi familia: los hermosos ojos cafés de Allison, los hoyuelos y los profundos ojos azules de nuestro hijo de 5 años, Gabriel; los rizos de nuestro hijo de 2 años, Lucas.

Recuerdo pensar: sus caras me mantendrán calmado, y si muero, ellos serán lo último que tuve en mi mente.

Durante esta odisea, Pasquale me envió una serie de mensajes desesperados que nunca llegaron.

10 a.m. mensaje de Pasquale: por favor dime que estás ok. por favor responde. otra explosión en el wtc.

10:02 a.m.: parte de 2wtc se cayó. están todos bien???

10:06 a.m.: por favor responde.

10:12 a.m.: dónde estás? 2wtc acaba de caer???

No sé cuánto tiempo les tomó a los trabajadores de emergencia el desatorar la salida, pero cuando lo hicieron, gracias a Dios que el oficial de la policía de la Autoridad de Puertos, Davis Lim, estaba ahí.

David es un policía K-9 (canino) cuyo compañero, Sirius, murió en los ataques. Él más tarde estuvo atrapado entre los escombros por casi 5 horas, David tuvo la claridad de pensamiento para resolver cómo sacarnos de ahí, hacernos girar y encaminarnos otra vez hacia abajo. Una y otra vez, él gritaba: "¡Hacia abajo está bien! ¡Hacia abajo está bien!".

Cuando escuché eso, grité a los de arriba de la escalera: "Hacia abajo está bien"; como un eco, escuché a otros gritar: "Hacia abajo está bien" a los de más arriba. Ahora corríamos hacia abajo por las escaleras lo más rápido posible. La salida de emergencia nos llevó al nivel del *mezzanine* de la Torre Uno, caminamos varios cientos de pies hasta una puerta de vidrio que nos llevó afuera.

El *mezzanine* estaba lleno con polvo de concreto beige, en el piso, en el aire, pegado desde el piso hasta los ventanales del techo, se sentía como si camináramos por donde un inmenso globo de nieve sucia acababa de ser sacudido. Fue peor cuando caminamos afuera, cerca de Six World Trade Center, la plaza era un campo minado de metal retorcido, cubierta con una capa de polvo de concreto de varias pulgadas de grosor, estoy agradecido por ese polvo, significó que no pude ver ningún cuerpo.

Mientras salíamos del edificio, mi *pager* vibró con un mensaje de Al Frank, un reportero del *Newark Star-Ledger*, quien ha cubierto la Autoridad de Puertos por años.

10:17 a.m. mensaje de Al Frank: estás bien?

Respondí un minuto más tarde, mientras caminábamos afuera junto a Six World Trade: estamos fuera del edificio, todos bien.

Aliviado pero fatigado, corrimos por las escaleras entre Six y Five World Trade, luego tomamos Church Street y nos dirigimos hacia el norte.

Mire hacia arriba, al World Trade Center. La parte más alta de la Torre Uno estaba incendiándose, había tanto humo y polvo, que no pude ver que la Torre Dos había caído.

A las 10:24 a.m., recibí un mensaje de Kayla, mi jefa, que caminaba una media cuadra atrás de mí:

¿Dónde debemos ir?

Caminé hacia ella y le comenté que deberíamos ir a la entrada del Holland Tunnel, porque yo sabía que los oficiales de policía de la Autoridad de Puertos estarían ahí.

Continuamos caminando hacia el norte, hacia el Holland Tunnel. Unos minutos más tarde, escuchamos a un oficial del Departamento de Policía de Nueva York gritar: "¡Corran por sus vidas!".

Corrimos por varias cuadras, sentimos un tenebroso estruendo, seguido por una gruesa nube de humo negro y polvo café.

Cuando finalmente pasamos la nube, casi habíamos llegado al Holland Tunnel. Estaba parado junto a un compañero de trabajo, John Toth, que cojeaba con una rodilla ensangrentada.

—John, ¿estás bien?

—Ya no están, Greg.

—¿Quiénes, John?

—No quiénes. Ambas torres, ya no están.

No le creía, entonces miré hacia donde las Torres Gemelas deberían haber estado.

Todo lo que vi fue humo y cielo. La Torre Uno del World Trade Center se mantuvo por más de una hora y 40 minutos después del primer ataque, permitiendo a miles de nosotros escapar.

Caminamos las cuadras que nos quedaban a la boca del Holland Tunnel, aviones militares volaban encima.

Nuestras ropas, pelos y caras todavía cubiertas con polvo, nos trepamos en los autos de la policía de la Autoridad de Puertos, que nos llevaron a nuestras oficinas temporales en la ciudad de Jersey.

Cerca de una hora más tarde, escribí el primer borrador de nuestra primera declaración después de los ataques, en la única forma de comunicación que me había quedado, mi *pager* interactivo.

Nuestros corazones y nuestras oraciones están dirigidos a las familias de un sinnúmero de personas, incluyendo muchos miembros de la familia de la Autoridad de Puertos, quienes murieron hoy en este cobarde y brutal ataque. Todas las instalaciones de la Autoridad de Puertos están cerradas hasta nuevo aviso. Nosotros en la Autoridad de Puertos estamos haciendo todo lo que está a nuestro alcance para asistir a las familias de las víctimas, y cooperar con las autoridades locales, estatales y federales para capturar a los culpables de este ataque y llevarlos frente a la justicia.

Mi recuperación personal ha sido estable en los meses que siguieron a los ataques al World Trade Center.

Nuestro departamento trabajó desde la ciudad de Jersey por más de dos meses, al principio, en turnos rotativos de 12 horas. Mientras lloramos la pérdida de 84 amigos y colegas, hemos contestados una inmensidad de preguntas de los medios de todo el mundo, sobre seguridad, la recuperación y nuestras propias experiencias. Retorné a la Zona Cero cuatro días después de los ataques, la experiencia me estremeció y me hizo sentir más humilde, no por lo que estaba ahí, sino por lo que estuvo ahí. Mire hacia arriba y observé el hueco en el cielo, donde nuestras oficinas solían estar, y pensé lo fácil que hubiera sido quedar atrapado ahí.

Frecuentemente siento olas de tristeza, pensando en las pérdidas y el sufrimiento. Pienso en los 37 oficiales y jefes de la policía de la Autoridad de Puertos que murieron ayudando a otros a escapar, particularmente a la capitán Kathy Mazza, la primera mujer comandante de la Academia de Policía de la Autoridad de Puertos.

Ella lideró un grupo de instructores de la academia de policía hacia la Torre Uno, unos minutos después del primer ataque. La mayoría de ellos no salieron con vida; Kathy, una ex enfermera de salas de operaciones y una de las mejores personas que he conocido, fue la primera mujer policía en los 73 años de historia del departamento que muere en el cumplimiento del deber.

Algunas veces, mientras camino por una calle, me detengo, inclino mi cabeza hacia arriba, aspiro profundamente el aire limpio y recuerdo esos tenebrosos minutos cuando nos fue negado este placer. El humo del cigarrillo me molesta mucho, pero la comida sabe mucho mejor.

Mis muslos me dolieron por cuatro días por la evacuación por la escalera, mi esposa dice que mi piel estuvo plomiza los dos primeros días.

A mediados de diciembre, estuve en cama por una semana con neumonía, una condición causada en parte por el estrés y el cansancio del 11 de septiembre y todo lo que siguió. A pesar de que mis hijos no entienden completamente lo que pasó, ellos quieren estar abrazados más seguido. La terapia ha ayudado mucho, me ha mostrado que estoy en el inicio de un viaje muy largo, algunos días hago un gran progreso, otros me detengo.

Mi meta es llegar tan lejos como sea posible, pero no importa que tan lejos llegue, yo sé que no hay forma que regrese al 10 de septiembre. Guardé mi corbata, todavía llena de humo y polvo, en una bolsa sellada; también guardé mis zapatos cubiertos con polvo.

Si Dios quiere, si tengo nietos, planeo darles estos trágicos restos a ellos, junto con otro histórico artículo que mi abuelo me dio antes de morir, una pelota de béisbol botada por Babe Ruth en el Polo Grounds en 1922.

Pablo Gato

[corresponsal en Irak y Afganistán, sobre cómo cambió el mundo desde el 11 de septiembre]

Tuve la oportunidad de cubrir todos los eventos que rodearon al 9 de septiembre desde el principio hasta, por el momento, el final. Estaba muy cerca del Pentágono cuando fue objeto del ataque; viaje a Pakistán y Afganistán para cubrir la guerra contra los Talibán y Al Qaeda; cubrí los bombardeos estadounidenses desde el portaaviones *USS Roosevelt*, en el Golfo Pérsico; viaje a Kuwait, Dubai y Bahréin desde donde narré los primeros ataques con misiles iraquíes tras el inicio de la guerra contra el régimen de Saddam Hussein y, finalmente, llegue hasta Bagdad.

Los ataques del 9 de septiembre y todo lo que provocaron posteriormente han marcado mi carrera. La cobertura del conflicto en Afganistán e Irak ha ocupado la mayor parte de mi tiempo como periodista y, seguramente, seguirá haciéndolo durante los próximos meses y años.

Desde el punto de vista profesional, no hace falta extenderse mucho en la relevancia mundial de las consecuencias de los ataques de Al Qaeda y la respuesta de Washington. Básicamente, el mundo ha cambiado y, con él, nuestra vida en Estados Unidos. La obsesión por la seguridad es ya un elemento que no se puede obviar en la vida diaria en este país. Así como el constante temor a un nuevo ataque de consecuencias devastadoras.

Desde el punto de vista personal, todo lo ocurrido me ha permitido ver de cerca eventos que sin duda pueden describirse como históricos. Y con ellos, el drama humano que los acompaña. No hay nada más dramático que una guerra. Miles de personas han muerto, tanto en Estados Unidos como en Irak y Afganistán. Muchos de ellos, civiles inocentes atrapados entre ambos bandos. Nosotros hemos sido testigos de esta tragedia. Algunos dirán que el precio fue alto, pero necesario, inevitable y que valió la pena. Que ayudó a combatir el terrorismo mundial y que no actuar sólo invitaría a ataques más demoledores en el futuro. Que la coalición liberó a millones de personas oprimidas por regímenes despóticos. Otros dirán que pagaron justos por pecadores y que todo pudo haberse hecho de otra manera y con más concierto internacional.

Pero la prensa también pago duramente el precio de esta guerra. Muchos de mis compañeros murieron en su esfuerzo por explicar al mundo lo que estaba ocurriendo a miles de millas de distancia de aquí. A algunos de ellos los conocía en persona. Su muerte nos recuerda la pasión que muchos periodistas tienen por su profesión, hasta el punto de arriesgar su propia vida con tal de cumplir con su deber de informar. Esa pasión me sirve de ejemplo para seguir adelante y tomarme con absoluta seriedad todo lo que hago. Su muerte también nos recuerda la volatilidad de nuestra propia existencia. Que a veces la vida es arrebatada sin previo aviso y que hay que valorar al máximo cada segundo de nuestra existencia como lo que es: un verdadero regalo.

Leo Glesser

[eminencia en materia de inteligencia, sobre
la seguridad después del 11 de septiembre]

Después del 11 de septiembre el concepto de seguridad ha cambiado drásticamente. El hecho de que personas están dispuestas ha sacrificarse hace las cosas mucho más complicadas. Cuando pedíamos a la gente que identificara su equipaje, esto era algo que hacíamos pues pensábamos que nadie estaba dispuesto a morir si ponía una bomba adentro. Hoy en día no es lo mismo si el pasajero está dispuesto a morir, así que él se identifica y pone la bomba adentro.

Esto significa que todo es posible y nada es imposible. Sí, va a haber muchos más ataques; el mundo va a tener que invertir muchos más recursos financieros en seguridad, y no va a ser posible eliminar totalmente esa amenaza, quizás sí bajarla a un nivel más tolerable.

Los ataques ocurrirán donde sea fácil realizarlos. Por ejemplo, hoy en día es en Irak, donde los americanos pueden ser hallados y asesinados fácilmente, o en países alrededor del mundo donde la seguridad es mala.

Irak es una prueba para Estados Unidos. Si ellos van a ser expulsados de allí, el mensaje para el Islam será que es factible derrotar a Estados Unidos y, entonces, el terror crecerá; pero si Estados Unidos triunfa, el fundamentalismo islámico sufrirá una derrota.

Recordemos la anécdota de los mosquitos. Ellos continuarán

picando contra todas las redes y a pesar de todos los *sprays*. Pero su número será reducido sólo si secamos los pantanos y charcos de agua.

El mundo libre debe cooperar para cortar los fondos y atrapar a los simpatizantes, sino el número de musulmanes fundamentalistas crecerá.

El fundamentalismo islámico no reconoce otro tipo de sociedad que la suya propia, donde el Islam es la ley. El Corán es la única forma de vivir, según la creencia de que todo el mundo debe vivir de acuerdo a esta ley.

Recordemos la frase "Din Alla Beseif", que significa la ley de Alá será establecida por la fuerza, con poder extremo, aun si toma cientos de años.

El gigante de los pies de barro, de Marián de la Fuente
se terminó de imprimir en agosto de 2004 en
Litográfica Ingramex, S.A. de C.V.
Centeno 162-1, Col. Granjas Esmeralda
México, D.F.

Certificado No. 02-2082